身近な事例とポイントで理解する

Q&A 税務調査の心得100

公認会計士・税理士
山本清次［著］

清文社

はじめに

現在、わが国の財政は危機的な状況といえるでしょう。この状況からどうやって脱け出すかは政治の力によるのでしょうが、具体的には、強い徴税力によらざるを得ないのです。これを推し進めるためには、納税者が税務調査といかに向き合うかが重要になってくるものと思われます。

これまで税務調査といえば、こわいもの、国家権力により強制的に税金を取り立てられるもの、という印象があり、その印象から「税務調査対策」という言葉がうまれ、税務当局を「敵」としてとらえる傾向が強かったといえましょう。しかし、これでは税務調査を円滑に進めることができず、税務当局と納税者の関係はぎくしゃくするばかりです。

そこで本書では、以下のような点を考慮して、執筆を進めることといたしました。

第一に、税金は一方的に「取られるもの」ではなく、「法人が生き残るためのコスト」であること。このように考えると、「対策」といった感じはなくなり、むしろ「対応」というニュアンスが強くなるでしょう。

第二に、以下のような章立てを行ったこと。具体的には、「税務調査が行われる理由」「税務調査の準備と受入体制」「税務調査当日の経過と対応」「税務調査の証拠資料の提示」「税務調査後のフォローと対応」等に区分して、Q&A方式により解説しています。さらに、本書執筆中に平成23年度税制改正案が公表されましたので、その実務的な点に関し、「税務調査はどう変わる？」と題する章を急遽追加しました（実施予定は平成24年1月1日以降の税務調査についてです）。

第三に、回答の冒頭に「Point」として、回答の要約を示したこと。まずこれに目を通していただき、以下につづく詳細な解説を読んでいただければ、要点をはずすことなく内容を把握することができるでしょう。

第四に、回答を二分し、「当面の対応」と「今後の対応」に分けて示したこと。税務調査が終了すると、法人側は試験が終わったような気持ちになり、反省すべき点、改善すべき点をそのまま放置してしまう傾向がありますが、「今後の対応」をお読みいただき、これからの企業継続のための税務調査の対応について、ぜひとも考えていただければと存じます。

以上、本書の特徴について、第一から第四までを記しました。

本書は、第一線の実務家を想定して記述しましたので、法人の幹部、若手スタッフ、税理士、公認会計士の方々に広く読んでいただき、実務に役立てていただければと考えています。

なお、本書は、清文社の村本健太郎氏のご尽力により刊行できたことを最後に付け加えておきます。

2011年2月

山本　清次

CONTENTS

第5章　税務調査後のフォローと対応

第6章　税務調査はどう変わる？

本書の内容の一部は、平成23年度税制改正案等によって記述しています。国会審議の動向等によりましては、本書の内容と異なる場合がありますので、ご留意ください。

第1章

税務調査が行われる理由

Q1 赤字法人の調査

▶赤字なのになぜ税務調査が入るのか

業界全体の景気が回復し、当法人も業績が向上したのですが、銀行が勧めたデリバティブに手を出し、前年度は大赤字の決算となり、欠損の繰戻還付請求を行いました。それでも税務調査があるとのことですが、なぜでしょうか。

A

Point

1 赤字法人を調査しても効率がよくない…
2 赤字でも税務調査は行われることがある…
3 赤字に仮装したことが発覚したときは重税が…
4 税目別の還付についての検討はどうか…

当面の対応

1 繰戻しの調査

税務調査は、赤字法人については原則的に行われません。しかしながら、たとえば法人が欠損繰戻の還付申請等を行えば、この場合には原則として欠損の確認のための調査が行われることがあります。

2 更生の決定

この税務調査によって、赤字申告をしていた年度が黒字決算となり、逆に多額の更正決定を受け、繰戻申請がとんだ「ヤブヘビ」となり、かえって税負担が多くなってしまった例もあります。

3　損益の帰属

不当な決算操作を行った場合は別として、業績のよい年度の場合には、わずか１日で、売上げの期ズレ、デリバティブの損失、事故・災害損益、役員退職金による赤字、黒字等が決算操作により決定されますので、原始証憑の日付を十分に確認して、ミスのないようにすべきです。

4　適用要件

すなわち、欠損の繰戻還付は、前１年以内に法人税を納付していることが適用要件ですから、黒字年度の次の年度が１年以内に赤字年度とならない限り、税法の定める繰戻還付は適用外となります。なお、その後に赤字年度となれば、欠損金は７年間利益が計上されても相殺が可能な繰越控除制度の規定を適用することとなります。なお、平成23年度税制改正案では、上記の期間が７年から９年に延長されています。

5　赤字の仮装

黒字でありながら、税務調査をのがれるために赤字法人に仮装して税務申告を行ったものの、その意向が税務当局に察知されて税務調査を受け、多額の税務否認を受けた場合には、その更正税額と同時に重加算税が併課され、さらには青色申告の取消しにまで至ってしまうこともあり得ます。

今後の対応

1　赤字の調査

法人が赤字であれば、原則的に税務調査は行われないのですが、上記の欠損繰戻の調査以外にも、以下の場合には赤字法人の税務調査が行われます。

2　税目別のケース

①　法人税

赤字法人でも「黒い赤字法人」、つまり、本来は黒字なのに偽装して赤字申告をすれば税務調査はないと判断した法人、不法の不当行為をした法人等につき、調査依頼の通報・投書等があった場合には、その確認のため、税務調査を行うことがあるようです。

②　源泉税

赤字法人であっても、給与、報酬、料金等にかかる源泉所得税の課税、納付につき、通常５年程度の調査がかなりきびしく行われます。

③　消費税

赤字法人であっても、消費税の仮受・仮払処理、納付、還付等についての調査が、法人税、所得税の調査と併行して行われます。なお、不当還付の場合の税務の取扱いは、一般調査と比較してかなりシビアです。

④　印紙税

最近、印紙税についての調査はめったに行われませんが、必要であれば赤字法人でも調査が行われます。この調査の対象書類は、通常、膨大となりますので、一定期間の印紙貼付け漏れをサンプルとして抽出し、かつそれにより全体を推計する便法が使われることもあります。

Q2 処理ミスの調査

▶会計処理自体に単純ミスがあるため

当法人は急成長を遂げ、設立後５年にして当初の法人規模の５倍以上となりました。しかし、在庫品の管理システムが確立していないほか、スタッフの教育も十分でないため、単純ミスが多発しています。税務調査が多いのはそのためでしょうか。

A

Point

1 在庫品の受・払・残高の計算ミスが多いが…

2 在庫品の税務否認が多い事例と原因は…

3 計算ミスが生じないようなシステムとは…

4 計算ミス発生に対して税務処置は…

当面の対応

1　修正申告

税務調査において指摘された在庫品のミス処理は以下のとおりです。

①　委託材料計上漏れ……外注法人に無償支給を行い、その委託材料200万円を資産に計上することを忘れたもの

②　在庫品棚卸集計ミス……在庫品の実地棚卸数量を集計したときに、Ａ製品在庫品5,000個を500個と桁違いに集計したもの

③　未達製品受入ミス……期末日にＡ製品倉庫から製品100個がＢ倉庫に未達であり、これが決算上脱落したもの

上記はいずれも単純な計算ミスによるものですから、原則的には修正申告をせざるを得ないでしょう。

2　再検による確認

調査官よりミスの指摘と修正申告が必要である旨の説明を受けたときには、法人側はパニックになって、とにかく早く修正申告を行ってその場をのがれたいという気持ちから、否認話を鵜呑みにして修正を急ぐ傾向がありますが、修正申告を行う場合には、もう一度修正内容を確認して、何としても修正申告の再修正申告だけは避けたいものです。

なお、上記の事例によれば、アバウトの数が再検により次のとおり訂正され、その数値により修正申告を行いました。

No.	修正内容	当　初	再　検	差　額	理　由
1①	委託材料	200個	150個	△50個	委託材料漏れ200個のうち50個は外注先材料と判明
1②	在庫集計	4,500	4,500	0	訂正なし
1③	未達製品	100	70	△30	未達製品中30個は預り品と判明

今後の対応

1　管理の思考

当法人は業績が良好であるため、近く法人規模が拡大すると予想されるので、早急に以下の施策を実行すべきです。

① 規程の設定

在庫品管理規程を設定し、それに準拠して積極的に実行すべきです。

② 管理要員

管理部門を設定し、かつ外部より管理スタッフを調達し、とくに在庫品管理のルールを早期に社内に定着させます。

③　OA機器

在庫品の種類、数量は増加傾向にあると考えられますので、これらの処理を手で行うこと、あるいはできる限りコンピュータ等を活用すれば、インプットにミスがない限り、上記（当面の対応）に示したような単純な計算ミスは発生しないことになります。

2　修正・更正

決算を実施した後、単純な計算ミス等を発見し、それが課税所得に影響するときはどうすべきでしょうか。以下に示してみましょう。

①　修正申告

決算を行い、その結果、課税所得が少なくなっていることに気づいたときには、以下の要領によってこれに対応します。

● 期中に発見

単純計算ミスが期中において発見された場合には、その額にかかわらず中間・確定期末日までに修正処理をします。

● 申告後に発見

同じく単純ミスが決算、申告後に発見されたときは、それが所得増となるものであり、多額であれば、修正申告を行います。なお、これは期末日以後いつでも差し支えないのですが、税務調査を予知して行われたときは否定されます。

②　更正請求

上記①の修正申告と反対に、計算ミスにより過大に課税所得を計算して税も多額に納付したケースですが、これは1年以内であれば還付され、また1年超となった場合も、税務調査が行われれば還付されます。

なお、平成23年度税制改正案においては、欠損金額にかかる更正の請求期間が1年から5年に改めるようになっています。

Q3 匿名通報の調査

▶脱税の通報があったので

当法人は設立以来、税務調査がなかったのですが、先日、何の予告もなしに税務署員３名が本社事務所にやってきて、現金や証券・手形類をチェックするとともに、金庫、机、ロッカー等の中を強制的に調査しました。どうしてでしょうか。

A

Point

1 現況調査とはどういうものか…

2 脱税等の疑いのあるときに行われる…

3 法人に不満をもつ者からの通報か…

4 恨みや妬みをもつ者の仕業か…

当面の対応

1　現況調査

税務調査のうち、納税側にきわめて評判が悪いのは、この現況調査です。この調査の実施の有無は税務署側で決めるのですから、法人はそのまま受け入れ、早く終了するよう祈るのみです。以下にその要領を示します。

①　予告ゼロ

現況調査は予告なしに行われる調査ですから、驚くなといっても無理ですが、冷静に対処すべきです。

② 要求証拠

調査員が要求した帳簿、証憑書類、メモ、**印鑑**、**預金通帳**（**使用中**、使用済）、**不動産権利書**、**株券**、**金庫・貸金庫**の鍵等はこれを閲覧、あるいは手渡しますが、これらのうちには重要なもの（太字の部分）もありますので、番号を付してリスト化し、預り証形式により紛失しないよう現品を確保しておくべきです。

2　理由の推定

このようなきびしい税務調査を受けることはめったにないので、調査官は何かの資料、証拠等により法人が脱税等を行ったと推定し、それを裏づけるための調査であることは間違いありません。したがって、調査官の調査目標を推定し、それが明らかになれば、法人側から進んで関係証拠を提示して、早期に調査が終了するよう協力すべきでしょう。

調査自体はホットですが、法人はいたずらに感情的にならないよう、あくまでクールに対応すべきでしょう。

今後の対応

1　現況理由

法人が現況調査を受けるときは何か「タネ」があるはずであり、その「タネ」は何だろうと考えてみるべきです。その心当たりとしては、以下のようなものが考えられます。

① 脱税取引……当法人あるいは役員、従業員が脱税者等と取引を行ったことはなかったか

② 妬み……法人の業績が良好であるため、同業者に妬まれていることはなかったか

③ 不満をもつ者……法人を不満をもって退職した役員・従業員が、法人の

決算の不備等を税務当局に通報したことはなかったか

④ 脱税の通報……法人経営のレストランバー等で料金が高いことにより客が怒り、税務当局へウソの脱税の通報をしたことはなかったか

2 自己防衛

法人が業績を挙げ、規模が大きくなって知名度が増すとともに、周囲からの不当な攻撃に備えて自己防衛する必要があり、常に姿勢を正しておく必要があるでしょう。

Q4 損益変動の調査

▶期によって業績が大きく変動したので

前期は経済環境がきわめて良好で、業績も大いに上がり、社長もご機嫌でしたが、当期は一転、逆風にさらされ、利益はなくなり大欠損となりました。そのため、欠損の繰戻還付申請を行いましたが、税務調査がありますでしょうか。

A

Point

1 前期は好調だったのに今期は大赤字に…
2 粗利益減少の理由の分析結果、原因は…
3 繰戻還付は欠損金の税務調査のあとで…
4 不当な欠損金の場合は繰戻還付はご破算に…

当面の対応

1　変動の事由

近年のグローバルな経済状況からみて、とくに市況品を取り扱っている中小法人は、市中の相場に振り回されて、損益が大きく振れることはよくあります。社外の利害関係者は、そのことを心配し、その原因と対策を知りたいと考えているものです。

2　欠損繰戻

税法は、資本金１億円以下の中小法人については欠損繰戻還付を認めていますので、前期は利益が上がり、今期は欠損だったときは、ぜひともこれを申請すべきです。しかしながらこの申請を行いますと、原則的に、多額の繰戻しのときは、必ずかつ早期に税務調査が行われます。

3　粗利益の分析

法人が欠損金を計上したときは、税務以前、すなわちまず経営的にそれが経常赤字の性格を有するか、一過性のものかを判別し、とくに粗利益減少の理由を把握する必要があります。このためには、たとえば粗利益増減分析表等を作成して、その著しい減少理由を把握し、その結果を調査官に説明することも１つの方法でしょう。

4　減少の理由

粗利益減少の分析を行う過程において、その減少理由は以下の２つに区分されます。

①　合理的な理由

減少理由が市場の状況、需要動向等から推して合理的な理由によるものについてはとくに問題はなく、その欠損金は税務上そのまま認容されます。

②　不合理な理由

上記①に反して、減少理由が不合理な理由による場合、たとえば売上不当値引、原価が架空、過大あるいは不当値増し、寄附金・使途不明金・交際費等が算入されている場合には、税務上、損金算入が否認され、したがって繰戻申請もご破算になることがあるでしょう。

今後の対応

1　調査の内容

このとき行われる税務調査の内容は、欠損年度の大損失の発生理由ですが、その合理的な理由として調査官に説明し得るものとしては、たとえば以下のような事例があります。

2　欠損の事例

① 売上増加で多額の欠損金計上のとき……たとえば輸入材料の市価アップにより材料原価がいち早く上昇し、それに応じた売価のアップが遅れたため

② 棚卸資産の評価方法が最終仕入原価法のとき……輸入材料の期末時価が低下して、売上原価が過大となったため

③ 旧製品生産設備を新製品のものに入れ替えたとき……旧製品生産設備を廃・売却して多額の廃却損を特別損失に計上したため

3　欠損の内容

上記のうち、①と②は営業損失であり、しかもその原因が外部要因であるため、経営努力では容易に解決しないでしょう。

同じく欠損であっても、上記③の欠損は、むしろ含みロスを吐き出す前向きの欠損であるため、この種の損は経営努力で取り返すことができるでしょう。

Q5 事故費用の調査

▶専務の事故で多額の補償をしたため

当法人は、現在かなり多忙であり、専務がみずから運転して受注営業を行っていました。しかし事故を起こしてしまい、多額の補償金を損金支出しました。この年度の申告書提出直後に、税務調査がありました。なぜでしょうか。

A

Point

1 車両事故の補償金は誰が負担するのか…
2 事業の用か、それともそれ以外の用か…
3 事実関係を詳細なレポートにして提出…
4 車両管理規程の設定ときびしい実施を…

当面の対応

1　弁済は不可能

当法人としては、専務が多忙のために起こした事故の補償費であったため、たとえ多額でも法人で負担すべきことはやむを得ない、と考えていました。また、専務の給与は、年齢が若いため決して高額ではなく、多額な債務を法人に弁済することは不可能と考えられます。

2　事故調書を点検

税務調査は、本件についてまず法人の事故調書を点検し、以下の各点についてそれぞれ疑問をもったようです。

① 事故日が土曜日で、法人と取引先はともに休日であったこと

② 事故発生の時刻は深夜で、営業時間外であること

③ 同乗者の有無は専務が口を閉ざしており、不明であること

以上の各点から、税務当局は事故当日、専務が業務のために運転していたことを疑問視し、この費用を臨時役員給与とすることは酷であるため、法人の専務に対する長期債権として、専務より回収すべきとしています。この場合はもちろん有利子債権です。

3　税理士の提案

税務当局と法人の意見の対立は平行線となってしまったので、中立の顧問税理士の提案により、専務自身による実態報告書を作成して当局に提出し、かつ専務自身が調査官に直接説明を行いました。その結果、税務当局は、その運転がとくに業務外でないという証拠がないことにより、法人の処理を認容しました。

今後の対応

1　管理の要点

当法人の業務多忙はますますエスカレートしていますので、車両管理について規程化し、きびしく運用すべきです。なお、以下に、当法人が設定した乗用車管理規程の要点例を示してみます。

① 実態の把握

各車両について、誰が運転し、いつ、どこで、何の目的で動いているか、またなぜ特定の車両が使われていないのか等を把握する。

② 燃料費の把握

車両別および月別の燃料消費量を把握し、異常な消費の場合にはその理由を報告させる。

③　使用制限

車両は業務のみに使用、業務外は使用厳禁、さらに業務時間内のみの使用に限定、業務外時間、休日使用等は厳禁とする。

④　自動車保険

各車両には必要な自動車任意保険を十分に上乗せする。

2　事故の防止

この種の規程が整備されていれば、各車両の所在、燃料消費等が把握できるので、休日使用による不当・不要な取引、ドライブ、旅行、ゴルフ等の息抜きのための私的な使用ができなくなり、車両事故の発生を防止できるでしょう。

3　計上区分

事故費のうち、入院費、治療費、見舞金等の支出金は、税務上、無条件で支出年度に損金算入が認められますが、慰謝料等の支出額は、示談・裁判等の結果が確定した年度に区分して損金処理します。なお、自動車事故保険が附保されていれば、その保険金収入が入金するので、この場合の最終決済は自動車保険金の確定時となります。

Q6 海外資金の調査

▶海外預金取引が発生したので

当法人の会長は海外を飛びまわる活動的な事業家でしたが、年齢が85歳ともなると、日本でゆっくり老後を過ごしたい意向を示し、米国各地にあった銀行預金を日本の銀行に振り替えたところ、税務署から質問書が送達されてきました。なぜでしょうか。

A

Point

1 外国と日本の資金関係はどうなっているか…
2 対象資金が外国で課税済みかどうか…
3 外国と日本のいずれで申告・納付するか…
4 居住者・非居住者の区分ミスはないか…

当面の対応

1　質問書が届いた

税務署から調査のための質問書が届きました。その要旨は、「貴方は平成○年○月○日付で○○○米ドルを日本の銀行の貴方の口座に振り込んでいますが、これはどのような資金ですか」といった内容のものでした。

2　回答の内容

会長は、米国滞在の期間が長く、その結果、米国各所に預金がありましたが、それをまとめて日本の銀行の個人口座に振り込んだのです。これについて会長は、米国法人に事業のノウハウを譲渡し、その譲渡代金を米国の銀行に預金していたので、その預金にかかる預金利子が発生していることを、米国の銀行から関係資料を取り寄せて税務署に報告しました。

3　修正申告

税務担当官は、会長のノウハウ譲渡代金ならびに預金利子について、修正申告を必要とする意向を示しました。会長は日本の居住者ですから、譲渡代金の修正申告を日本の税務署で行い、また預金利子は米国で源泉所得税の免税措置を受けていたため、日本でそのまま全額をやむなく譲渡代金と同様に修正申告に加えたのです。

4　質問書例

以下に、海外送金についての質疑の要点を示してみましょう。

【お尋ねしたい国外送金等の内容】
①受領年月日、②受領金額、③受領の相手先、④国内金融機関

以上のように、きわめて簡単な内容ですから、不明な点があれば、税務署担当官に確認すべきです。

今後の対応

1　開示の傾向

近年、世界各国の銀行間の資金移動、残高の情報を交換することが望ましいとされる傾向が強くなっています。

すなわち、世界的にも銀行が預金者のプライバシーを過度に保護することは、脱税の幇助になるという気運が高まってきていて、その情報を開示する傾向が強くなってきているのです。

2　時代の変化

　このように、プライバシーの名に隠れていた脱税の情報は、税制上も今後は必要に応じてオープンにされることになったのです。

　その典型的な事例として、スイスの銀行を挙げることができます。すなわち、その銀行に預金しておけば機密は絶対守れるという神話は、現代においてはすでに崩れているのです。

Q7 移転理由の調査
▶本店移転を繰り返したため

当法人は若者向けのＡ製品を発売して急成長を遂げたので、本店を郊外から都心部へ移転し、その結果、売上げは急増しました。ただし、経費増のため再び本店を住宅地に移転したところ、税務調査を受けました。なぜでしょうか。

A

Point

1 経営はどのように動いているか…
2 移転の動機は租税回避ではないが…
3 中小法人は即決・即実行により生き残る…
4 移転理由の証拠資料を整備しておく…

当面の対応

1　移転の事実

当法人は、意図的に本店移転を繰り返したのではなく、経営上やむを得なかったのです。しかし、短期間に本店所在地を二度も移転したことは事実なので、税務当局に、脱税とまでいかなくても、税務調査を避けて逃げていると思われても仕方ありません。

したがって、この場合、法人としては本店移転を行った理由を資料によって調査官に説明し、理解を得るよう努めるほかはないと考えています。

2　移転の理由

以下に、順序に従い移転理由を記してみます。

① 郊外地設置理由

設立当初は従業員が３名しかいませんでしたし、資金も乏しく、有利な立地も確保できなかったため、販売はすべてデパートや大型小売店を通じて行う、卸売りのみを行っていました。

② 都心部移転理由

その後、当法人が扱っているA製品の評判が上々になったことから、経営コンサルタントのアドバイス等により、直接小売りを行うべきと決断し、都心部の一等地に本店を構え、小売りに専念することにしました。

その結果、場所が一等地であったためか、売上げが３割アップとなりましたが、意外に家賃等の販売経費がかさみ、採算はほとんど利益ゼロの状態になってしまいました。

③ 住宅地移転理由

そこで、都心部から撤退し、高級住宅地に移転しました。ここで発想を転換し、新製品の試作を業務の中心とし、営業面は、従来のデパートや大型小売店等への卸売りを行うようにしました。

今後の対応

1　速い経営

近年は速く決断し、速く実行するという、「速い経営」が必要とされています。したがって、昨今の経済変動が激しい時代には、経営上必要があればいつでも本店移転を行う可能性があるといえます。

2　移転の理由

とくに、経済変動により、卸売りか小売か等の販売方法の変更のほか、取扱製品に応じて､本店を短期間に異なる税務署管轄地に移転する場合があります。税務当局の立場からすれば、所轄税務署を移転するのは税務調査を避けるためと認識して、税務調査が行われることが多いのです。

3　証拠資料

この場合、租税回避のために本店を移転をしたのであればやむを得ないのですが、そうではなく、経営目的に従った移転であれば、それを立証する経営資料、関係数値等を税務調査の際に提示して、移転した動機はあくまで租税回避ではないことを説明すべきです。

人手不足の中小法人では、これら移転に関する証拠資料を作成せず、あるいは手狭なため移転終了とともに破棄してしまうケースが多いので、注意すべきです。

Q8 交代原因の調査

▶経理責任者がたびたび退職するため

当法人の経理責任者である取締役経理部長は、従来より取引銀行の出身者が多かったのですが、定款で取締役の任期が1年と決められていることもあって、毎年退職してしまいます。税務調査が毎年あるのはこのためでしょうか。

A

Point

1 法人の受入体制に問題があるのでは…
2 社長の個性が強く、人の意見を無視…
3 税務調査の質問の対応は慎重に…
4 法人の信用は内外ともに地に堕ちる…

当面の対応

1　現状の把握

経理責任者はとにかく経営実態を的確に把握し、とくに課税所得の基礎となる当期純利益を正確に認識すべきです。すなわち、税務調査に際して、税務調査官から質問があったときには、ただちに誤りのない回答をしなければならないのです。しかしながらこれを1年程度でマスターすることはきわめて困難です。

したがって、経理責任者は入社日以後、とくに法人の経営実態および損益把握につき熱意をもって習得することに努めるべきであり、受入法人側もそれを条件に入社依頼すべきです。もっとも、取引銀行の銀行員であれば、銀行在職時代から当法人の実態等を熟知していれば、この点は解決され、税務調査の際の質問にも上手に対応できるでしょう。

2　回答の方法

法人規模がある一定以上となれば、経理責任者の次席者である次長、課長等、質問に答えられるスタッフがいればその者が代わって回答し、税務に関係する質問であれば立会に同席する税理士が回答のヒントを提供することも1つの方法でしょう。

ここで注意すべきことは、①知らないことは断定的な回答をしないこと（→多分そのようなことだと考えられます)、②ウソの回答をしないこと（→そのような支出は一切ありません)、③回答拒否をしないこと（→そのようなことは知りません、わかりません)。

結論的にいえば、わからないことは全部わからないと答えるのではなく、わからない部分については調べて回答する旨の姿勢を示すべきです。

今後の対応

1　退職の事由

税務調査に際して経理責任者が常に新人ということは、税務調査の対応だけでも上記のような不都合が生じるわけですから、なぜ法人の経理責任者が定着しないのか、その原因を明らかにすべきであり、以下にその原因を想定してみましょう。

①　社長が同族メンバーだけを過度に重視していないか

②　社長が銀行のような大規模法人の社員に対してコンプレックスをもっていないか

③　社長が経理責任者に粉飾決算あるいは逆粉飾決算の実施を強要していないか

④　社長が税務処理等についてきびしくチェックしているか

⑤　社長が経理責任者よりも税理士を信用しすぎていないか

上記のとおり、当法人には経理責任者が居づく土壌がないため、毎年退職現象が生ずるのであれば、その原因を突き止めて改善し、経理責任者を定着させる必要があります。

2　退職影響

経理責任者のような、法人の中でもきわめて重要なポストにいる人間が短期間で繰り返し変わることは、単に税務調査の問題にとどまらず、経営上、取引先や銀行等から信頼されない大きなマイナス要素となります。

具体的には、公表される決算が粉飾、逆粉飾され、あるいは法人ぐるみの大きな脱税を行っていないか等の大きな疑惑をもたれる可能性が強くなり、その結果、大きな受注をのがし、あるいはきびしい税務調査を受けて多額の税を負担する等のデメリットが生ずるのです。

Q9 高額理由の調査

▶赤字なのに社長給与が高額であるため

当法人はここ数年欠損が続いていますが、社長の給与は以前のとおり高額となっています。資金繰りもピンチとなっており、社長の父親が欠損金相当額の現金を補ってくれています。このような状況では、税務調査は避けられないのでしょうか。

A

Point

1 多額の欠損で法人税を納付せず…
2 資金不足分は社長の父親がカバーを…
3 法人を利用した個人所得の確保…
4 異常処理には税務調査が行われる…

当面の対応

1　給与の減額

法人が連続欠損であるにもかかわらず、社長に高給が支給されていることは、経済の基本に反しますので、税の制約にかかわらず、高額部分は減額すべきです。しかしながら、社長が個人的に行った株の投機取引で多額の損失を受け、その債務弁済のために給与は減らせないとのことですが、この弁済方法は、事実上、社長の父の財産を贈与税を払わず子に贈与しているとの誤解を受け、望ましくありません。

とりあえず、税制調査が行われれば、給与の過大部分の否認を受けて修正申告を行わざるを得ないでしょう。

2　修正申告

この年度は給与の否認が行われると、その否認額は税務上社外流出となり、その額は否認だけで終わってしまいますので、修正申告は過大給与部分を社長貸付金とすることを調査官に依頼することも１つの方法です。しかしながら、当初の支給給与はその総額につき源泉所得税が課せられていますので、過大部分を区分して貸付金とし、源泉所得税を還付することは難点が多いでしょう。

今後の対応

1　債務転換

社長債務の弁済は、税務上のトラブルを理由として延期はできませんので、この際、社長は失敗のすべてを自分の父に話し、無利子にて父より資金を借り入れ、債務全額を一括弁済すべきです。なお、この場合、父からの借入金は長期の均等弁済によることとします。

2　法人損益

上記の債務転換、すなわち父による債務の肩代わりが完了して現実に実行されれば、法人損益は安定して赤字は解消し、少なくともゼロ決算ないしは若干の黒字が計上され正常化するでしょう。なお、父の同族法人に対する欠損補塡のための贈与は取りやめます。このような決算の正常化が計られれば、税務調査を受ける回数は少なくなります。

3　異常な処理

法人の決算において異常な処理の個所については、とかく不正、粉飾、脱税等が存在するので、当法人の場合は、以下のような処理が発生していることが原因で、税務調査を受けることになるものと思われます。

① 多額の赤字決算が継続しているにもかかわらず、社長が高額給与を受けていること

② 社長の父がこれを補填していること

③ 事実上、父が社長の高額給与を補填しているが、法人を通じて行われているので、贈与税は納付していないこと等

4 過剰な報酬

最近は世の中もきびしくなり、経営者個人が法人を利用して利益を得るという風潮が強くなっている傾向があります。したがって、これを規制する１つの手段として、証券取引所が事業報告書に年収１億円以上の役員（１億円プレイヤー）の個人名を明らかにして記載することを要請し、かつこれが実施されています。

Q10 解釈ミスの調査

▶税法の解釈をミスしているため

当法人は、従来、家電製品の販売業を営んでいましたが、廃業し、貸ビル業となりました。さて、本年度の収入について、敷金を一部とし、大部分を敷金償却金としたところ、税務調査があり、かなり多額の修正申告を行うことになりました。なぜでしょうか。

A

Point

1 敷金償却金は貸家契約の日に全額課税される…
2 賃貸借の期間に分割して益金算入できるのか…
3 会計実務と税法の解釈にズレが…
4 敷金償却金が課税されないためには…

当面の対応

1　償却益金

当法人はビル賃貸業となり、貸室が大小10室を保有することとなりました。本年度は２室借手が決まり、敷金300万円、敷金償却金500万円ずつ、合わせて敷金600万円、敷金償却金1,000万円の計1,600万円を収入しました。当法人は敷金を受入敷金、敷金償却金を前受収益に計上して決算したところ、税務調査において敷金償却金1,000万円は契約年度の益金と認定されました。

2　修正申告

修正申告は当法人が期首日に契約をしているので、決算日までに１年経過済となっている関係上、会計･決算処理としては以下のとおりこれを行いました。

○	4／1	現金預金	1,600万円	受入敷金 （固定負債）	600万円
				長期前受収益 （固定負債）	1,000
△	3/31	長期前受収益	200	償却金収入	200（注）

（注）　1,000万円×１／５＝200万円

上記のとおり、貸室の期間は５年間ですから、１年分を収益に計上し、税務否認の対象となったのは800万円（＝1,000万円－200万円）となりました。

上記のとおり、800万円の修正申告を実施すれば、税務調査は終了するので、当法人は不本意ながらも修正申告を行いました。

今後の対応

1　解釈ズレ

この税務否認は会計実務と税法の解釈とのズレから生じたものと考えられます。すなわち、貸先はこの賃貸借契約が５年間と決められているため、受入敷金償却金を分割して５年間にわたって利益組入れを行ったのです。

これに反し、税務には期間損益的な発想はなく、あくまで現金主義であり、貸手の収入金が確定すれば即全額課税となるのです。すなわち、貸手の敷金償却金収入の性格は事実上貸室権利金収入にほかならず、こうなれば、課税はやはり貸室権利金とされ全額一時課税となるでしょう。

2　借手の処理

敷金償却金を支出した借手の処理はどうなるのでしょうか。この場合、借手は敷金償却金が借室権利金と同様の性格であるため、これを税法の定める繰延資産として５年間（60か月）にて償却します。しかしながら、借手の損金計上は５年間を要することに対し、貸手は１年で全額課税という点が、何かアンバランスで割り切れない気がします。

3　条件債務

貸手が敷金償却金の一時課税を受けないためには、貸手が償却金の全額を無条件で収納することに代えて、たとえば貸借期間が１年のときは20%、２年のときは40%……等と償却率を決めて、差引額を返還する等の契約とすれば、税務上も年度の経過に応じた課税が行われます。

Q11 適用ミスの調査

▶措置法の適用要件に見逃しがあったため

当法人は受注先からのきびしい値引要求に応ずるため、当法人の外作業務を内作に変え、機械を取得し、特別償却を行いました。その後なぜか税務調査を受けることになり、多額の否認を受けました。どうしてでしょうか。

A

Point

1 特別償却の適用要件を忘れずに…
2 適用要件を漏れなく充足する…
3 要件とアンマッチの場合にはやりくりを…
4 税法と措置法の性格の違いを理解する…

当面の対応

1　特別償却の要件

機械等を取得すれば、そのすべてにつき特別償却が無条件で実施できるということは誤りで、各特別償却を実施する場合には、個々にその適用要件のすべてを確認する必要があります。

以下に特別償却の適用要件について、「中小企業者等の機械等の特別償却」（措法42の6、措令27の6）を事例として示してみましょう。

2　必要要件

チェック事項		判定
①資本金は１億円以下かどうか	→	●１億円超の場合は非該当となる。
②青色申告法人かどうか	→	●非青色法人の場合は非該当となる。
③平成24年３月31日までに取得するかどうか	→	●左記期日を経過した場合は非該当となる。
④適用法人の業種は製造・建設・農業・海洋運輸業（除料亭業等）かどうか	→	●非指定業種は非該当となる。
⑤決算日までに取得し、かつ事業の用に供されているかどうか	→	●取得しただけでは非該当となる。
⑥取得した機械を自己が使用しているかどうか	→	●他人に貸与した場合には非該当となる。
⑦機械装置は160万円以上、器具備品は120万円以上の物件かどうか	→	●160万円、120万円未満であれば非該当となる。
⑧明細書「別表十六⑼特別償却準備金の損金算入に関する明細書」が法人申告書に添付されているか（積立金方式）、または、明細書「別表十六の⑴・⑵」が添付されているか（直接損金方式）	→	●添付されていない場合には非該当となる。

今後の対応

1　資本金額

資本金１億5,000万円の法人が減資して期末日に１億円以下となった場合、その年度から中小法人となり、適用可能となります。

2　事業供与

機械装置等であるハードを決算日までに取得し、ソフトウエアであるソフトの完成が決算日以後となった場合には、ハード取得年度に機械装置は未稼働の状況下にありますから、事業の用に供しておらず、特別償却を実施しても税務上否認となります。

したがって、このような場合には、ソフトが完成して機械装置が稼働した年度に特別償却を行うべきでしょう。なお、この場合の会計処理としては、機械装置であるハードは取得と同時に建設仮勘定に経理し、ソフト完成時に正規に機械装置勘定に振り替えます。

3　特別措置法の性格

税法の体系としては、本法と措置法とに大別されます。税の本法、たとえば法人税法はその設定根拠はきわめて理論的であり、いったん制定されれば、比較的容易に変更はできない性格を有しています。

これに対して特別措置法は、国の政策を税によって行うこと、すなわち税理論よりは、むしろ租税政策により設定される性格を有しており、すべて時限立法であって経済状況を考慮して適用率を変動させる等敏感に変化するのです。

この措置法は、納税者が適用すれば原則的に税負担が軽減される内容が多いので、その適用要件違反にはきびしく、あえて税務否認が行われるのです。

なお、税務署が会計検査院のチェックを受けるのは、この措置法の適用関係が中心となると聞いています。

Q12 事務ミスの調査

▶記帳状況に著しく不備があったため

当法人は小規模なスーパーを経営しており、現在、本店を含めて４店となっていますが、人材不足のため、現金が帳簿とアンマッチのほか、釣銭不足のトラブル等も多いのです。税務調査が行われるのは、こういった事務上のミスが原因なのでしょうか。

A

Point

1. 現金小売業の現金処理ミスは重大…
2. 経営上も税務上も大きな問題が…
3. 現金勘定の浄化と現金現物の管理を…
4. 現金管理規程の設定とその徹底厳守を…

当面の対応

1　使途不明

現金出納帳から30万円が支出されており、その使途が不明であるため、税務上使途不明金として否認対象となりました。

なお、調査官は、現金が30万円支出されているのにその相手科目がないので法人の経理がどうなっているかがわからない旨を述べています。結論的にいえば、この30万円は不明の科目として処理されたか、または貸借の数字を意識的に合わせてしまったかと疑われます。

2　青色申告の否認

青色申告は、誰が見てもその取引内容が明らかに理解されない状態にあるときは、その不明取引自体だけの否認にとどまらず、青色自体が否認されることになります。

まして、現金小売業における現金勘定はきわめて重要な勘定ですから、この額が間違っていたとなれば、法人自体の経理が不適当という結論になります。

ただし、救いがあるのは、問題となった額が少ないということで、これが300万円や3,000万円等の多額な金額ともなれば、大きな問題となり、単なる修正申告で済む話ではなくなります。

いずれにせよ、本件に関しては、法人としてとりあえず早期に修正申告をせざるを得ないでしょう。

今後の対応

1　現況調査

現金勘定は、法人の業種によっては重要な現物勘定ですから、これにつき社内的に十分な管理を行う必要があり、これに関して手を抜けば、経営上はもちろん、税務的にも大きな問題となります。税務上必要があれば、不意打ちに現況調査が実施され、現金現物と現金出納帳残高の突合が行われ、調査日現在で多額のアンマッチが発見されれば、大きな税務問題となり、多額の税負担をせざるを得ないケースが生じることがあります。

2　管理の体制

現金管理については、現金管理規程を設け、それにきびしく準拠していく必要があります。以下に、その内容を示します。

①　担当者は、現金金種別残高表を毎日作成し、責任者に提出すること

② 責任者は、上記「金種別残高表」と現金現物を毎日チェックすること
③ 現金出納帳現金残高および現金現物残高は、仮受・仮払等の考慮事項なしに単純に合致すべきこと
④ 現金収入および現金支払を毎日記帳すべきであり、何日分かをまとめて記帳しないこと
⑤ 現金出納帳に訂正処理を行うことなく、当初の記録を抹消せずに取消処理を明確に示しておくこと
⑥ 現金立替、仮払、仮受等は原則として行わず、もし行った場合には現金扱いをせず、正規に伝票を発行して、かつ正規に処理すること
⑦ 法人はあくまで自己の現金だけを保有・管理し、役員個人や人格なき社団等の現金を預からないこと
⑧ 現金勘定にトラブルを生じたときは、担当者、責任者をただちに交代させること
⑨ B／S現金勘定残高と現金出納帳残高との合致を確認すること
⑩ 現金勘定処理が不安定の時期は、外貨は現金勘定で取り扱わず、直接預金勘定で処理すること

以上のような管理が徹底して行われれば、現金処理のレベルアップが行われ、税務調査が頻繁に行われることはなくなるでしょう。

Q13 実態解明の調査

▶法人の実態が不透明であるため

当法人は毎年、同族役員給与を増額していますが、毎年欠損が続いています。現在は、社長だけが役員となっています。なお、子会社が３法人あり、いずれも元番頭が社長になっていて、いずれも業績がよく、配当金を当法人に支出しています。税務調査が毎年あるのはなぜでしょうか。

A

Point

1 法人の経営目的が判然としない…
2 法人を利用して社長個人が利益を享受…
3 事業の実態は子会社に移転されている…
4 法人組織を単純化してフルに活動を…

当面の対応

1　社長の実態

当法人の社長は、外部からはとてもハッピーに見えます。以下に、社長の実態を示してみましょう

①　悠々と業務

社長は現在独身で、毎日美しい秘書などに取り囲まれて、マイペースで悠々と業務を行っている、うらやましいご身分です。

②　社長給与

社長の給与は一般に比べてかなり高く、さらに、毎年お手盛りによりアッ

プしており、本年度は１億円を超えました。

③　法人の欠損

当法人は毎年欠損であるため、納税資金は不要であるほか、納付済みの預金利子・受取配当金等につき、源泉徴収された所得税が還付されているとのことです。

④　益金不算入

関係法人株式より受けた配当等は全額益金不算入となり、この収入金に税はかかりません。

⑤　事業活動

事業活動はもっぱら元番頭が経営する子会社が行い、当法人は持株法人的な体質であるため、自己の事業活動はきわめて少ないのです。

2　過大な給与

以上のように、一見よいことづくめの法人および社長のようですが、大きな欠点は、法人税の納税額がゼロであることです。このような場合、税務調査において、たとえば１億円以上の役員給与はその業務に比して過大であると判断されれば、適正給与により修正申告の勧告がされますので、それに応じた給与により修正申告を行わざるを得ないことになるでしょう。

3　裏金の処理

子会社との同時調査により、その１社に裏金が、また親会社社長の裏給与が発見されましたので、子会社所得と社長個人給与所得の修正申告は、判断とか決定といったことではなく、厳然とした事実として、行われるのは当然のことでしょう。

今後の対応

1　利益の源泉

企業は､原則的に利益追求を第一としますので､その法人がどの部分で儲かっているかを把握すべきです。次に、なぜその部門が儲かるのかを確認すべきであり、税務調査もそれをつかみたがっているのです。この確認が長期化した場合には、税務調査も長くなります。

2　複雑な機構

法人のうちには、中小法人でも、親・子会社、関連・別法人等、多くの法人を設定している場合があり､たとえば当法人の業績が儲かっているのか､儲かっていないのか、一見してもよくわからないことがあります。とくに、組織内で特殊な取引や契約が行われている場合などでは、税務調査の担当調査官がとりあえず否認する場合があります。これは、もし否認が間違っていた場合でも、税務当局側が再調査の要求を出すなどの方法があるからです。

いずれにせよ、不必要に複雑な法人組織を設ければ、経営上はもちろん、税務調査においてもトラブルが生じやすくなるので避けるべきでしょう。

Q14 変動理由の調査

▶業績不安定の確認をするため

当法人は、新製品の発売年度は好業績なのですが、その後、ライバル企業が価額の低い類似品を発売するために、欠損となり、税務上も繰戻還付を行うことを繰り返しています。そのつど税務調査が行われていますが、業務上大きな負担となっています。やむを得ないのでしょうか。

A

Point

1 業績が著しく増減する事実を…

2 欠損のときは法人税の繰戻還付を…

3 連続欠損のときの事業継続の理由は…

4 業績不安定の確認可能な関係資料とは…

当面の対応

1　利益と欠損

現代は、生き残るための競争が常時行われ、この戦いはずっと続くのでしょう。当法人の業績もこれを反映して、決算は利益・欠損を１期ごとに繰り返しいるのですが、これを外部からみた場合、いかにも意図的な決算操作の感じを受けるのでしょう。とはいえ、これは上記の事情により現実をそのまま反映している決算なのであり、税務調査の際に理解していただきたいのです。

2　納税と還付

決算は上記のとおりですので、利益年度は納税を行い、欠損年度は税法の規定に則して、法人税については繰戻還付申請を行っています。

なお、繰戻還付申請を行うと、還付申請の額が多額のためか、申請対象となった欠損年度の税務調査が行われ、それぞれの年度で欠損金が認容されていますので、前年度欠損にかかる税金の還付が確定していますが、これは大変な業務です。

3　地方税は

上記のように、当法人は、納税と還付を1年ごとに繰り返し行っているため、企業体力は消耗しませんが、住民税、事業税の地方税はいずれも繰戻還付の規定が存在せず、すべて繰越控除となりますので、当初の申告納税分だけ体力がマイナスとなっています。

今後の対応

1　連結利益

この問題はあくまで経営の問題であって、税務はそれに追従するものです。納税、還付は業績に直結して行われますので、むしろ法人は経営ならびに財務体質の特徴を十分に把握し、かつそれを打ち破って毎年連結して利益計上できる方途を研究すべきでしょう。

2　連続繰戻

すなわち、法人が欠損金を計上して前年度の納付法人税を取り戻すことは大きなメリットと錯覚しがちなのですが、法人に欠損金が発生するからその繰戻還付申告を行うのです。もっとも、連続利益年度になれば、繰戻還付の申告ならびにそれに伴う税務調査の対応もなくなるのです。

3　欠損の理由

法人が決算を終了し、欠損が明らかになったときには、その発生理由、とくにその年度の欠損理由、連続して欠損となっているときの事業継続の理由、さらにはそれを挽回するための経営政策等が明らかでなければなりません。税務当局は、この経営実態を知りたいために税務調査を行うのです。法人側の説明が、欠損となった原因が単に売上げが減少したこと等だけでは、当局の要求する発生理由にはなりません。

4　資料の整備

業績が不安定のときには、その法人は経営上の実態、欠損挽回の対策等に関する十分な資料を備えているはずです。したがって、税務調査の際にいつでもこの種の資料を提示できるように整備しておくべきです。

さらに、法人はこの種の不安定体質から早期に脱して、規模を大きくするなど、業績安定企業に成長すべきでしょう。

Q15 法人と個人の調査

▶社長が高額なマンションを購入したために

当法人は、トンカツのレストランを経営していますが、外食産業のデフレ戦争に巻き込まれ、連続欠損となっています。そのような折りに、社長が高額なマンションを購入し、居住したところ、税務調査がありました。なぜでしょうか。

A

Point

1 社長個人が不相応な高額マンションを取得した…
2 個人と同族会社は一体化している…
3 個人の資金源を証拠資料で提示する…
4 最近は法人と個人の同時調査が多く行われている…

当面の対応

1　調査の目的

今回の税務調査の目的は、社長の高額マンション購入の資金源は何かということにあると考えられます。

この件は、あくまで社長個人のプライベートな問題ですから、従業員は知らない領域の話です。物件の価額は約１億5,000万円と聞いています。社長の年収は約1,500万円、配当金はゼロの状態ですから、税込年収の10倍程度の物件を購入したことになるわけです。

2　資金源の確認

社長に資金源を確認したところ、以下の事実が判明しました。

内　容	金　額	立　証　資　料
●社長個人預金	6,000万円	個人普通預金通帳
●株式売却代金	2,000	株式売却計算書
●祖父（会長）借入	3,000	金銭消費貸借契約書
●手持現金	4,000	特になし
（　計　）	1億5,000	

上記のうち、税務上問題となったのは、

①　個人預金が多すぎること

②　祖父（会長）からの借入金には返済実績がないので、資金貸与が疑問視されること

③　手持現金が多く、かつ原資不明であること

の３点となりました。

【回答】

①　個人預金過大……株式ブーム時の株式譲渡益

②　祖父からの借入金の返済……契約どおりに返済予定（ただし無利子）

③　現金過大……米国銀行の預金解約払戻金3,000万円、同銀行の預金利子1,000万円

3　調査の結論

税務調査が行われ、その結果、上記①～③の点が問題になりましたが、法人の調査はさほどの問題もなく、調査は社長１本に絞られることになりました。

税務調査の最終結論としては、社長個人の米国銀行の預金利子1,000万円につき、個人所得の修正申告を行うことにより終了しました。

今後の対応

1　現金の保管

最近は銀行が預金の払戻しを停止する、いわゆるペイオフの事例がわが国においても発生しましたので、万が一、払戻しが停止されることに備えて、現金や金の延べ棒などを自宅に保管しているケースがあります。しかしながら、現金4,000万円を保有することはあまりにも多すぎるので、それを質問したところ、社長が米国に滞在していた期間に積み立てた預金を取り崩して日本に送金したとのことでした。

したがって、このうちの預金払戻金3,000万円はとくに税務上の問題はないのですが、それにかかる受取利子1,000万円が課税対象となります。

2　資金源の説明

本件は、社長個人が自己の所得とアンバランスな物件を取得したために税務調査が行われたのですが、その資金源が社長個人だけで説明し得たことは幸いでした。この説明がつかない場合には、法人、個人についてきびしい同時調査が行われ、法人、個人ともにパニックになるケースが多いからです。

Q16 公私混同の調査

▶社長の公私混同が激しいので

当法人は、社長一族の同族会社であり、自動車部品生産の特許権があるため、業績は安定かつ良好です。社長が税負担を減らすために海外ツアーに参加し、費用を経費処理しましたが、ツアー業者に税務調査が入り、問題化しました。当法人にも影響があるでしょうか。

A

Point

1 法人業績がよいととかく公私混同が起きる…

2 「経費で落ちますよ」との甘い言葉に乗って…

3 多額の税負担の可能性が…

4 まず経営を見直し、結果として節税を…

当面の対応

1　公私混同の行為

社長のこの種の行為はわが国の景気がよい時期には多発していましたが、近年のきびしい経済環境下においてはめずらしい事例です。

このような特性のある法人ですから､従来のような甘い経営を行っていても、当面は継続が可能なのでしょう。

2　関連調査

税務調査がツアー業者に対して行われ、ツアー業者が会員募集を行った広告宣伝物（チラシ）の内容が「ツアー費を税法上損金にしよう」というキャッチフレーズだったので、調査はさらにツアー会員の処理の確認へと展開した模様です。

3　修正申告

ツアー業者のチラシにヒントを得て、損金処理を行った社長海外旅費につき、税務調査が行われました。旅行スケジュールを記載した海外出張報告書によれば、すべて業務として作成されていたのですが、その内容のほとんどが視察だけにとどまっていました。

したがって、法人としては、この社長の海外旅費を臨時役員給与として法人所得ならびに個人給与所得の修正申告をせざるを得ず、そのすべてを実施しました。

今後の対応

1　個人の負担

この税金追徴額について、社長は、法人税の負担については異存はなかったのですが、個人給与所得にかかる税金については納得せず、法人負担にする旨の意見を出しましたが、認められませんでした。

2　業者の売込み

社長は税金に対してアレルギーがあり、必要以上におそれています。そのせいか、対税的にうまい話があると、すぐ乗ってしまうのです。本件も、ツアー業者が社長に海外ツアーを売り込み、これが必要経費となるか否かを確認したところ、「税金のことはまかせてください」という返事だったので、すべてを信用し、安心して申し込んでしまったのです。

3　甘くみていたツケ

ところがツアーが終わってみると、税務を安易に考えていたツアー業者自体に税務調査が行われ、売上漏れ、領収証のない経費等について、多額の税務否認を受けたのです。これは同法人が税金を甘くみていたツケですから、やむを得ないことと考えられます。

4　調査の拡大

税務調査は、ツアー業者の調査だけにとどまらず、それに応じたツアー客の調査にまで拡大したのです。すなわち、この税務調査により、それに安易に乗ったツアーメンバー法人についても多額の税務否認が行われたのです。

5　本末転倒

ここで注意すべきことは、法人は経営を最優先に考え、税金対策はあくまでその結果として考えるべきなのです。したがって、節税のために無理に海外ツアーに参加することは、それこそ公私混同の行為として深く反省すべきでしょう。

Q17 不当貸倒の調査

▶社長関係の不良貸付が原因

３年前に社長に就任したＡ氏は、就任直後に自分の同族関係者が経営しているＢ法人に、１億円を、１％の低利率で10年契約、無担保で融資しましたが、前年度に倒産したので同年度に貸倒償却を行ったところ、当年度に税務調査が行われました。どうしてでしょうか。

A

Point

1 社長の同族関係法人への多額の融資が問題…
2 甘すぎる貸付条件がアダになる…
3 税務上は貸倒損失が否認されて寄附金認定等に…
4 貸倒損失は貸付先に応じて税務処理が変わる…

当面の対応

1　不良貸付

倒産したＢ法人は、新社長であるＡ氏の同族関係者が経営する法人であり、業績不振、取引実績ゼロにもかかわらず、１億円もの大金を１％の異常な低利率で融資し、返済期限は10年とし、しかも無担保であることは不良貸付にほかなりません。

2　寄附金認定

税務調査の結果は、Ｂ法人はＡ社長の妻の兄が経営する法人であって、Ａ社長は泣きつかれて甘い条件で融資をしたのです。税務当局はこの貸倒償却をそっくり損金として認めず、したがって当法人は寄附金として修正申告を行い、寄附金限度超過額を課税所得に加算しました。

今後の対応

1　不当貸付

本件は、法人の内部から見ても不当貸付の感じがあり、具体的には、以下の諸点を示すことにより明らかになります。

①　融資先が社長夫人の兄が経営する法人であったこと
②　業績が著しく悪化したための緊急融資であり、しかも多額であったこと
③　利率は年１％と低く、無担保で返済期限は10年と長く決めたこと

2　取締役会の決議

会社法では、取締役が法人から資金を借用しようとする場合には、金銭を借用する取締役は決議に参加しないでその決をとることになっています。ですから、本件も、取締役会の決議事項として採り上げて是否を決めることがベターでしょう。

法人としてこのようなチェックシステムを採っていれば、多額の貸倒損失の発生を未然に防げる可能性があったといえます。したがって、本件をきっかけにして、法人に発生する重要事項はすべて取締役会の決議を経ること、すなわち、組織的経営を行うようにすべきでしょう。

3　借手処理

このような寄附金の貸倒処理等については、その借手に応じて税務処理が異なるので注意を要します。

貸付先	債権貸倒れ	税務処理
●役員、使用人個人不正等	●代金使込み等の債権の回収不能	●退職金支給取止め等
●役員紹介関係、関係法人等	●取引先法人、個人事業者倒産	●寄附金、臨時役員給与（貸手責任者）認定
●100%グループ法人へ債権放棄、寄附金支出等	●子会社等の育成、応援	●支出法人～全額損金不算入 ●受贈法人～全額益金不算入

4　甘い決算

現代はきびしい時代であり、このような甘い融資には、蜜のまわりに虫がやってくるように、悪が群がってきます。そのような法人に対しては、税務調査が繰り返し行われ、税務否認が多数・多額発生するのです。

Q18 分社操作の調査

▶子会社に主力業務を移したので

当法人の部品事業部門は多品種少量の事業形態であり、モデルチェンジが頻繁に行われる関係上、経理的な把握が難しく、前年に事業のいっさいを子会社に移転し、新たに発足しました。この子会社に移転後ただちに税務調査が行われましたが、なぜでしょうか。

A

Point

1 ドル箱部門の在庫管理の不備が続いていた…

2 適格分社型分割により子会社を設立…

3 資産等の移転はとくに問題なし…

4 分割実行以前に在庫品過不足等を修正すべき…

当面の対応

1　トラブル続き

部品事業部門は当法人の主要かつドル箱部門ですが、業態が複雑であるため、税務署とのトラブルが絶えない状況にありました。

2　移転の動機

法人がこの部門を子会社として別の税務署管内に新設移転した動きが、税務当局側からみれば、税務調査のがれと解されて、移転後ただちに税務調査が行われたと推定されます。

3　法人の意向

法人側には、現税務署管内から逃げ出す意向はなく、何かとすっきりしていない在庫管理体制をきちんと整備し、収益の柱を確立しようとしたのが本意で、他意はありません。

4　適格分割手続

法人は、子会社を適格分割手続によって新設しました。すなわち、分割法人の帳簿価額で分割承継法人である子会社を受け入れたため、とりあえず、分割行為自体にはとくに税務上の問題は発生しませんでした。

5　移転手続

適格分社分割は、分割法人の旧部品費業部の資産・負債を分割承継法人にその帳簿価額で受け入れるのですから、税務的には時価等についての是非をチェックする必要はなく、その手続き等についてのトラブルもとくに生じませんでした。

6　調査結果

税務調査の結果は、親会社の部品事業部がそっくり分割承継法人に移転しただけで、単に形式が変わっただけにとどまり、在庫品の経理トラブルの問題点は依然として解決されず、従来と同様、修正申告を行うことになりました。

今後の対応

1　単純な移転

当法人は、適格分社分割手続により子会社を設立し、分割法人である親会社は、資産等を帳簿価額により分割承継法人である子会社に移転しました。これは手続きとしてはきわめて単純で、とくに手数を要しませんでした。

2　分割の効果

適格分社分割手続は、帳簿価額で移転する関係上、帳簿価額にミスがあればそのまま分割法人から分割承継法人に移転されるので、移転先が税務調査を受けると税務問題が生じます。これではせっかくの分社分割が効果を発揮しない結果となってしまいます。

3　含み損益

分割法人が分割承継法人に資産等を移転するときには十分に内容を点検し、簿外資産、資産ロス等があれば分割前に修正して、正確な資産等を移転対象とすべきです。

すなわち、本件においてとくに注意すべきことは、移転対象となった棚卸資産の内容の適正性についてでしょう。

Q19 欠損繰戻の調査

▶事故により大赤字を出したため

当法人は自動車部品の製造業ですが、前年度第X1期に、メーカーから納品の欠陥による損害賠償の請求を受けました。当法人は受入検収・下請法人のミス等を主張しており、実損は未定です。決算上は損金処理を行い、かつ税務上は繰戻しをしましたが、ただちに税務調査がありました。なぜでしょうか。

A

Point

1 欠陥部品の損害賠償金を損金処理…
2 損害賠償金は誰が負担するのか…
3 欠損金が税務調査で否認されるか…
4 欠損繰戻が否認されたら繰越控除を…

当面の対応

1 赤字決算

クレームを受けた前年度第X1期の処理は、とりあえず事故により怪我をした車両使用者に見舞金を支出し、またメーカーから請求を受けた損害金と併せて損金処理を行ったため、多額の赤字決算となりました。

2 欠損繰戻

前々年度の第X0期の業績は良好で、 多額の法人税を納付していましたので、とにかく欠損繰戻を行い、還付請求書を提出したところ、ただちに欠損金適否につき税務調査を受けました。その結果、メーカーからの損害賠償請求額は以下の理由により現段階では確定債務として認められないこと、したがってこの繰戻還付は却下する旨が明らかにされました。

①　この請求額は債務として確定していないこと

②　具体的には以下の責任分担が明らかにされていないこと

(a)　当法人……欠陥部品の販売責任

(b)　下請法人……欠陥部品の製造責任

(c)　メーカー……欠陥部品の受入検収責任

したがって、当法人の責任(a)から(b)、(c)を控除した責任に対応する損害賠償金が当法人が負担すべき額であるが、現在は未定である旨の説明が調査官よりありました。

3　修正申告

前期の税務調査の結果、車両使用者に対する見舞金を除くメーカーに対する損害賠償金については、修正申告を行います。

今後の対応

1　繰戻調査

当法人が欠損繰戻の還付申請を行った場合には、原則的に税務当局は、その欠損金の適否につき税務調査を行った後に法人税を還付します。もっとも、少額の還付申請については、欠損金の実地税務調査が省略されるケースもあります。

2　再度の繰戻し

欠損金の繰戻還付は、欠損金の前１年以内の年度の利益に繰り戻しますので、第X1期繰戻還付のときの欠損金が修正申告によって黒字転換し、翌年度の第X2期に損害賠償金債務が確定し、第X2期年度が欠損となれば、その赤字は第X1期否認後の利益に繰り戻して、第X1期に納付した法人税の還付を受けることになります。

もっとも、繰戻還付を受けるのは、欠損金発生年度直前１年間に納付した法人税のみが対象となります。

3　繰戻しの否認

欠損繰戻しが対象となるのは、欠損発生前１年以内の年度に発生した利益に限られていますので、これ以前にいくら多額の利益を計上して法人税を納付していても、その利益等は繰戻しの対象外となります。したがって、発生した欠損金は繰戻還付を適用せず、すべて所得の繰越控除として活用可能です。

なお、青色欠損金の有効期間は現在７年ですが、平成23年度税制改正案では９年に延長されていること、ならびに繰越控除が控除前の所得金額の80％に制限されています。ただし、中小法人等は除外されます。

4　損金算入を認める条件

税務当局が負債につき損金算入を認めるのは、あくまでそれが確定債務であることが条件とされ、アバウトな債務は税務調査において損金算入を否認されます。たとえば、単に費用が会計的に発生済みであっても、それが税務的に確定していなければ、当局は損金に認容しないので、この場合は決算上は有税処理となります。

Q20 欠損理由の調査

▶赤字決算が継続しているため

当法人は設立6年目になりますが、毎年連続赤字になっています。この赤字は償却前赤字ですから、とくに資金がショートするわけではありません。本来、税務調査はないはずなのですが、本年初めて受けることになりました。なぜでしょうか。

A

Point

1 赤字法人でも税務調査がある場合…
2 決算と税務の取扱いのズレが問題…
3 法人税以外の税目に調査が…
4 継続管理法人にならないように注意…

当面の対応

1　税務調査はないはず

当法人は連続赤字であり、当分黒字化する見込みはありません。赤字法人には税務調査はないと聞いていて安心していたのに、意外にも税務調査を受けることになりました。税務調査は初めてなので、社内全員驚いています。

2　税務否認

税務調査の結果は以下のとおりとなり、否認額については修正申告せざるを得ないでしょう。

① 特殊関係使用人

社長が個人的に雇っているハウスキーパーの給与が損金処理されていましたので、これを社長の給与と合算して所得額を修正し、かつその賞与相当額を法人所得金額に加えて修正申告をしました。

② 交際費等

雑費の中に、役員だけの忘年会費用が含まれていましたので、これを交際費等に加えて損金算入限度額を算定し、それをベースとして修正申告をしました。

③ 使途不明金

寄附金のうちに使途不明金が含まれていましたので、これを寄附金より除外して、全額所得金額に加えて修正申告をしました。黙っていると使途秘匿金とされ、40%併課されます。

④ 機械売却損

法人が100%グループ子会社に機械装置を譲渡し、その譲渡損を計上したのですが、税務上法人が計上した譲渡損は、子会社がそれをグループ外に譲渡したときに損金に算入されるので、その修正申告をしました。

今後の対応

1 早まった考え

上記のとおり、法人の申告は間違いなく行っているつもりでも、税務の取扱いとアンマッチの点については、税務調査が行われれば否認を受けるのは当然です。したがって、当法人の場合、連続赤字決算ということが不自然であることは言うまでもありませんが、赤字だから税務調査がないという前提も、早まった考えといえるでしょう。

2　法人税以外の税目

法人の決算が赤字の場合には、原則として法人税が課税されないケースが多いのですが、ほかの税目、たとえば源泉徴収を行う必要がある所得税、あるいは消費税、印紙税等の税務調査が行われることがあります。このうち、源泉所得税の徴収漏れがある場合には、法人がそれを立替納付すべき義務がありますので注意を要します。

3　継続管理法人

税務調査を行った結果、対応が不十分であった場合には、引き続き翌年度についても税務調査が行われることがあり、この継続調査は法人の税務対応が良好になるまで行われます。この場合、法人は「継続管理法人」といわれ、望ましいことではありません。

Q21 調査不要の法人

▶税務調査が入らない法人とは

世間では、利益が多くなると税務調査によって税金が追徴されるのに、税務調査がない法人、税金が還付されるだけの法人があると聞きました。そのような法人の特徴とは何でしょうか。

A

Point

1 税務調査が行われない法人の特徴とは…
2 赤字法人が税務調査を受けて黒字になった場合は…
3 経営が安定していて海外取引のない法人ならば…
4 課税外に置かれ還付金がある特殊法人とは…

当面の対応

まず、税務調査を受けない法人の特徴を示してみましょう。

1　決定の方針

税務調査の決定は、法人であれば法人課税部門の各統括官が実地調査の対象とする法人を選定し、これを輩下のスタッフに割り当てます。なお、その場合の選定基準は、各税務署、統括官の意向により決定されるようです。

2　対象除外

税務調査の対象法人は、その時点における多くの観点から決定されますが、ここで、逆に調査を受けない法人を例示してみましょう。

①　赤字法人

赤字法人については、原則的に税務調査は行われません。もっとも、赤字でも脱税等の噂がある法人、ならびに法人税以外の所得税、とくに源泉所得税、消費税、印紙税等の調査は存在します、また、調査の結果、赤字が黒字化すれば、青色申告取消となるでしょう。

なお、同じく赤字法人でも、連続赤字法人であれば、経営的には困った現象ですが、税務調査の可能性は低いといえましょう。

②　零細法人

規模の小さい零細業者であり、しかも赤字、もしくは利益が著しく少ない法人は、税務調査が行われる可能性は低いと考えられます。

③　単純法人

経営の形態が単純で、取扱商品の種類が少なく、売上げや仕入先が決まっており、かつ毎年安定した額の利益が計上されている法人については、税務調査が行われる余地は少ないといえます。もっとも、この種の安定した法人を利用して、デリバティブのような投機的取引が行われることがありますので、あらゆる面で安定しているからといって、税務調査が行われないという保証はありません。

すなわち、利益の多い法人で赤字申告をすると目立つので、少額の黒字申告をして税負担を減らす操作を行う場合もあるからです。

④　国内取引

最近は、海外取引等を利用した大型の脱税が世間を騒がせていますので、税務当局も海外取引を重視しています。したがって、税務調査の重点が海外取引にあるとすれば、海外取引が存在しない法人は、比較的税務調査が少ないといえるでしょう。

今後の対応

以下では、税務調査の対応というより、税務申告をして税金を納めるのではなく、反対に、そのつど税金が還付される「うらやましい」法人を紹介しておきましょう。

1　特殊法人とは

特殊法人とは、一般的には同族グループのほかの法人の株式を多数所有する法人をいい、このオーナーは、通常、上記のほかの法人のオーナーであり、相続税対策のために以前は多く設けられました。

2　課税関係

特殊法人は受取配当により運営されますが、この受取配当は税務上益金不算入とされ、課税外に置かれます。したがって、この法人は、お金はもっているが無税で欠損金の多い法人、といえましょう。

3　税金の還付

ほかの法人からの受取配当については源泉所得税が課せられており、法人が支出する所得税は法人税の前払いですから、この源泉所得税は法人所得がマイナスのため、還付されます。

第2章

税務調査の準備と受入体制

Q22 税務調査の予告

▶誰が、いつから、何を調査するのか

税務署から電話が入り、「来週の火曜日から税務調査にうかがいたいのですが、ご都合はいかがですか」との旨が伝えられました。どういった準備をしたらよいでしょうか。

A

Point

1 社長、経理部長、顧問税理士等の都合は…
2 社長の挨拶、法人の内容説明は簡潔に…
3 質問、照合等には証拠資料等による回答を…
4 税務調査の対応は手早く、ソフトかつクールに…

当面の対応

1 日程の調整

上記によると、税務調査の日程は、調査官側より示されたものですが、法人側としては、対応する社内メンバーの日程調整を行う必要があります。なお、以下に、社内メンバーが税務調査において対応すべき業務の内容を確かめておきましょう。

2 初日

まず、社長、管理担当役員、経理部課長、立会顧問税理士等による挨拶および経理スタッフの紹介を行います。

続いて、パンフレットに記載されている事項の説明、ビデオ上映等による法人の説明を行います。また、調査官側の希望があれば、メーカーの場合等は、工場見学等を行います。

3　第2～4日

経理スタッフにより、調査年度に対応する帳票類を準備します。これは調査の部屋のコーナーに積み上げ、かつ部屋はロックします。

要望に応じて総務部、営業部関係の諸契約書等も、ただちに閲覧できるように準備しておきます。

帳簿記録と証憑書類等を突合する場合、それが多数ですぐに突合できない場合には、たとえば番号を付した付箋等を帳簿自体に貼りつけ、同時に別紙リストに記載しておき、提示、チェックが終了した内容は消込みを行っていきます。

このようなコントロールを行うことにより、未提出の証憑書類等がどれかということが明らかになります。

4　第○日（最終日に近い日）

税務調査の問題結果が固まって来た場合、調査官側より今回の税務調査についての修正申告案が示されることが多く、したがって、法人側がそれに異論がある場合には、この段階において自己の主張を打ち出す必要があります。

すなわち、とくに重要な修正案については、法人側の意見の申入れが遅延すると、すでに調査官側の意向が固まってしまった場合には、問題の解決として修正申告によることはできなくなります。

なお、これらの意見の申入れを行うときに、法人の力では及ばない場合には、顧問税理士に相談して意見を求め、あるいは調査官への説明、陳情等のバックアップを依頼することもあります。

今後の対応

1　クールに対応

税務調査に限らず、自分の業務が他人にチェックされることは愉快なものではありません。ましてや業務の不備を指摘され、かつそれに金銭支出が伴うときは、不愉快を通り越してパニックに陥りがちなものです。

しかしながら、税務調査は法人が事業活動を行う限りにおいて避けることはできず、したがってあくまでクールに対応し、早期に解決すべきです。

2　発言の遅れ

上記のケースにおいて法人の発言のタイミングが遅れた場合には、調査官側と話し合う時間的な余地がなくなってしまいます。この場合には、更正決定が行われ、その結果につき、法人側に不服があれば、異議申立て→審査請求→国税不服審判所→税務訴訟等と忙しくなってしまいます。

なお､これらは納税者保護のために設けられている制度ですが､構成メンバーの大部分は税務職員であり、かつその結果も税務当局側に分があるケースが多いようであり、多くの場合、よい結果は望み薄でしょう。

Q23 調査場所の決定

▶税務調査が行われる場所は

税務署から、来月、税務調査を行う旨の連絡がありました。しかしながら当法人の事業所は店舗の片隅であるため、とても手狭で、税務調査を行うスペースがありません。顧問税理士の事務所で行っても差し支えありませんか。

A

Point

1 店頭での税務調査は客足を遠のかせる…
2 とりあえず、顧問税理士の事務所で…
3 税務当局の意向に従いスケジュールを…
4 重要書類の移動には十分気をつけて…

当面の対応

1　場所を確保

税務調査の場所として、顧問税理士の事務所を確保しました。スペースに余裕がないので、とりあえず関係帳票は調査年度のものに限定してもち込みました。さらに必要な資料は、税理士事務所あて、ファクシミリにて送信することにしました。

2　調査の日程

税務調査のスケジュールを税務当局に質問したところ、「予定は３日間確保しているが、やってみなければわからない」という返事でした。したがって、当法人は一応3日間を予定して、スケジュールどおりに税務調査を受け入れることにしました。3日間のうち、2日は税理士の事務所、残り1日は貸事務所を利用します。

3　実施経過

税務調査の経過、結果の対応状況は、次のとおりです。

日程	当事者	業務内容
初日	①社長	挨拶、法人パンフレット、ビデオ等による説明
	②管理部長	会計・管理システム、諸規程等の説明
	③工場長	第一工場（組立工程）の案内、説明
	④経理スタッフ	第○年度の税務調査の対応
	⑤税理士	上記に関する税務処理等の説明
2日目	上記④と同じ	上記④と同じ
3日目	①主任調査官	税務否認5項目の提示
	②社長、管理部長、税理士	上記5項目の修正申告の要否の検討、税務判断
	③主任調査官	否認予定項目のうち3項目の修正を認容
	④社長	3項目の修正申告の決定と申告書作成提出

今後の対応

1　場所確保

法人の目標は利益計上です。利益が計上されれば、税務調査は行われるのです。したがって、税務調査が行われるとなれば、その場所を確保すべきです。場所は、帳票書類が置かれている場所がよいのですが、当法人の場合、店舗の一部を事務所として使っており、スペースを拡げる余地がありません。

2　貸会議室の利用

現在は貸会議室等の物件が多いので、それを利用して税務調査を受けるのも１つの方法でしょう。税務調査は通常３～５年に１回程度ですから、経済的な負担は大したことはないでしょう。

3　紛失防止

別の場所で税務調査を行う場合、法人の重要な帳票を移動するのですから、その際の紛失等には注意が必要です。必ず段ボールにナンバーを付し、かつ内容物件を明記しておくべきです。調査後、同じ段ボールに入れて、事務所の元の場所に確実に戻しておくのです。

Q24 多忙時期の調査

▶定期支払日で都合の悪いときは

当法人は大口材料関係の定期支払日を毎月20日、小口経費、給与関係を25日と決めています。ところが税務署から、税務調査を来月の20日から行うという申入れがあり、やむを得ず受け入れましたが、十分に対応できるでしょうか。

A

Point

1 多忙のときでも税務当局の日程に合わせて…
2 対応業務を分別して可能なものから回答する…
3 多忙期のあとは税務対応を優先して…
4 説明なしにわかる会計システムの確立を…

当面の対応

1　全員多忙

定期支払日は、経理部のスタッフが全員支払業務に没入しても手が足りず、慎重にやっているつもりなのですが、それでも毎月ミスが生じ、苦情を受けています。したがって、この時期に税務調査が入ることは、絶対に不可能なのです。

最近は、税務調査の日程について、当局はかなり法人の要望を聞いてくれるようになりましたが、両者の希望する日程がなかなか合致しないような場合には、法人の事情とは関係なく、調査の日付が決まっていまうこともあります。

2　対応業務を区分

このような場合には、対応業務を①社長挨拶、②管理部長の会計システムの説明、③経理スタッフの個別回答などに区分し、①②は時間的余裕がないため簡単に、③についても、たとえば質問事項を番号別にリスト化し、そのうち簡単なものから回答していくようにすることも１つの方法でしょう。

3　優先実施

支払業務が終了した以後は、社長以下全員が税務調査の業務に対応し、調査の結論を早期に決定すべきです。仕事は何でもだらだらと結論を先延ばしにすることはやめるべきですが、税務調査の場合はとくに重要です。

すなわち、税務調査の場合、法人側は済んでいると思って安心していても、当局側は一向に済んでいないケースが意外に多いからです。

今後の対応

1　会計システム構築

税務調査の日程の決定の主導は、あくまで税務当局にありますので、当法人の都合に合わせて日程を設定することは難しいでしょう。

このためには、説明なし簡潔に理解できる会計システムを構築しておき、税務調査に限らず、誰が見てもよくわかるようにしておくべきです。

2　法人のメリット

このシステムの確立は、単に税務調査のためというより、法人の企業秘密のガードという観点においてもメリットがあるのです。経理部長がいなければ会計について誰も説明できない、部長が休んだら法人の活動は止まってしまうという企業体質は、望ましくないのです。

3　独走させない

特定の者が組織の中で特別の力をもつということ、これを具体的にいえば、特定の個人だけが会計のキーマンになることは､望ましいこととは言えません。

極端な話、仮にそのキーマンが不正を行ったとしても、何年ものあいだ発覚せず、その被害は巨額となってしまいます。

4　証拠資料の抽出

税務調査に際しては、必要な証拠資料を抽出して、帳簿記録と突合することになりますが、この際に、ただちに証拠資料を抽出できるシステム構築が必要です。なお、外国の法人は、この点、資料抽出が正確かつスピーディーな優れたシステムを備えていることは注目に値します。

Q25 準備すべき帳票

▶調査対象年度の帳票を準備する

当法人の規模は最近かなり大きくなりましたが、先日、税務署より税務調査を行う旨の連絡がありました。提示する帳票の量が膨大で、調査を行うために用意した部屋に納まりません。どの程度の量の帳票を準備すればよいでしょうか。

A

Point

1 帳票量は多くなっているが、その対応は…
2 帳票のうち当面必要な部分だけでよいか…
3 具体的な帳票モデルは決まっているか…
4 今後の資料整備の方針はどのようになったか…

当面の対応

1　対象の帳票

税務調査のうち、最も多いのは、直前年度の課税所得申告額の適否をチェックする調査です。したがって、当面準備すべき帳票等のモデルは以下のとおりとなります。

① 総勘定元帳（ただし総額記入による形式帳簿の場合は不要）
② 得意先元帳、仕入先元帳、受取・支払手形記入帳
③ 在庫品元帳、固定資産台帳、原価元帳
④ 計算書類、勘定科目内訳書

⑤　支払伝票、振替伝票、請求書、領収証

⑥　経理・関連規程、諸契約書、諸議事録、稟議書等

また、他年度の資料については、当年度分を十分に準備したのち、当年度分のうち何か問題のある資料については、過去の年度の同一取引の税務処理がどうなっているかを確認できるように準備しておきます。

2　証拠資料

税務調査は帳簿に記載されている特定の取引の処理の適否を確かめるため、その裏づけとなる証拠資料と突合する必要があります。証拠資料の抽出が手作業によって行われる場合、税務調査に要する時間の大部分が資料抽出の待ち時間となってしまうことはナンセンスです。

3　証拠の質

税務調査は帳簿記録につき証拠資料によって適否が判定されるのですが、証拠資料といっても内部証拠だけでは税務当局はなかなか認めませんので、でき得る限り、証拠力が高い外部証拠を準備すべきです。

今後の対応

1　資料の整備

税務調査において特定取引の裏づけとなる証拠資料を早期抽出、提示できれば、税務調査は短時間で終結します。税務調査における証拠資料の抽出待ちは、証拠資料を探している法人側はもちろん、待たされている税務当局側にとっても大きな時間のロスとなり、たとえば調査日にはいったん特定取引の帳簿記録に番号を振った付箋を付しておき、後日、その付箋に従い抽出した証拠資料と突合する方法もあります。

2　電子帳簿

現在、規模の大きな法人は、帳簿記録を電子データ等に収納して、保管方式をコンパクト化し、かつ必要なときにはいつでも帳簿記録を再生できるようにしています。しかしながら、証拠資料の電子データ化はうまく行くでしょうか。たしかに電子データは資料の収納には圧倒的に便利ですが、税務調査ではコピーを受け付けず、あくまで原本でないと証拠として認められないのです。

したがって、証拠書類の保管はあくまで電子化を避け、いかに分類整理して、税務調査の際にすぐに抽出が可能となる方法を考慮すべきでしょう。

Q26 税理士不在の調査

▶顧問税理士が立会できない場合

当法人は規模が小さな同族会社で、経理関係の仕事は顧問税理士に任せています。ところで先日、社長である私に税務署から電話が入り、来週、税務調査をすることになりそうです。該当日は顧問税理士は出張中なのですが、どのように対応すればよいでしょうか。

A

Point

1. 初めての税務調査で頭の中が真っ白に…
2. 頼みの顧問税理士は出張中なので…
3. 自分でできる部分はやったつもりだが…
4. 法人が自主性をもつということ…

当面の対応

1　業績悪化

上記のとおり、税務署側の強い要請に負けて、当法人は初めて補佐人なしに単独で税務調査に対応せざるを得なくなりました。

私は税務の専門家ではなく経営者ですから、調査の対象年度の業績が著しく低下した理由を調査官に説明したところ、調査官は私の説明と月次試算表、勘定科目内訳表等との関連において、調査年度の業績が著しく低下した事情を理解したことが感じられました。

2　否認の模様

次いで、調査官から調査年度における現金不足、貸倒ロス、在庫品棚卸ロス等の額が著しく多い理由についての質問がありました。管理部長はこれらはすべて各資産の管理規程に則して行っていることを説明し、かつ同時にそれらの証拠書類を提示しましたが、そのうちいくつかは資料不足により否認される模様です。なお、これらの是否については税務判断が伴いますので、税理士と相談して、法人としての意見を決めるつもりです。

3　修正申告

法人の各取引について、当局側からの質疑の回答は、各担当スタッフが行いましたが、証拠資料の不備なもの、資料そのものがないもの等があり、これも否認は免れないようです。この内容については、収益科目としては売上ズレ、経費科目は寄附金、交際費等なのですが、雑費、雑損失に計上されたもののうちには領収証のないものもあり、あらためて驚きました。

なお、調査終了の２日前に税理士が出張より戻り、その要修正事項のうち、

①　まったく主張余地のないもの
②　説明不足であったもの
③　資料提示が不足していたもの
④　強く堂々と主張すべきもの

等に分類して、上記①については、残念ながらただちに修正申告することを条件として話し合いを行いました。

今後の対応

1　自力で判断

今回の税務調査でわかったことは、自分が経営者でありながら現在最も重要

とされている計数感覚にいかに疎いかということでした。今までは計数といえばすべて税理士に任せていたものを、今後は少なくとも経営の部分については、アドバイスは受けても、自力で判断することにしました。

2　税理士に委任

しかしながら、税務というものは、税制改正が頻繁に行われ、かつ解釈も専門家でないと判断が難しい場合がありますので、税務判断を要するとき、納税申告書を作成するときは、税理士にすべての税務業務を委任することにしました。

3　対外信用アップ

このような体制が確立すると、経営的にどの商品に利益があり、どの商品で損しているかが明確になりますので、税務署に限らず、銀行仕入先等からの質問に対しても、的確な回答をすぐに行うことができ、このことによって、法人の対外信用をアップすることができます。

Q27 社長挨拶の効用

▶社長は調査初日に挨拶を

先日、税務署から税務調査を行うという知らせがあり、それを聞いて社長が心配しています。初めてのことなので顧問税理士に相談したところ、「どんなに忙しくても、初日に必ず挨拶してください」と言われました。ほかに注意すべき点などありますでしょうか。

A

Point

1 社長は技術畑出身で、個性的な人物なので…
2 税務調査に先立ち法人の概況を述べる…
3 挨拶は手短に、調査に役に立つような話題を用意する…
4 個性の強い得意分野の熱弁はかえってマイナスになる…

当面の対応

1　社長の資質

社長はコチコチの技術屋で、コンピュータに向かっていればめっぽう強いのですが、営業面、経理面は苦手で、営業は同級生の専務が何とかここまで得意先を拡大して来たのです。

経理は社長のご夫人がやらざるを得ず、しかし素人ですから収支伝票をそろえて税理士に記帳、集計ならびに作表を依頼しているのが実情です。

2　挨拶の効用

調査官が訪問したときに挨拶を交わすことは一般的な礼儀であり、とりわけ税務調査という緊張を余儀なくされる場面においては、重要な行為といえましょう。挨拶次第で場がなごみ、その後の進行がスムーズにいくこともあります。

3　社長の業務

社長、取締役、部課長等、職制別にそれぞれ分野があり、順序としては経営のトップである社長が第一声で挨拶をすべきでしょう。このとき、社長は法人の代表者ですから、法人のパンフレット等をベースとして、業界、製品動向、損益推移等の概要を簡単に話せばよいのです。

4　個性の表現

社長とは、ほぼ例外なく個性が強い人間です。その個性ゆえに法人を設立できたし、人も集められたのです。したがって、最初の挨拶に社長の個性が出ることは、その法人の体質を表現することと同じことなのです。

今後の対応

1　カラ数値

社長の挨拶は重要ですから、その発言内容が事実と異なってはならず、たとえば、過去の年度の売上げ、利益、納税額等が現実に提出した決算報告書、納税申告書ならびに事業概況書の数値と合致していなければなりません。これが万が一著しく相違する場合には、調査のスタートから緊張した雰囲気になりますので、事前に十分注意してください。

2　社長の独演

社長の挨拶は、長くなく、短く簡潔で、税務調査を行うにあたって参考となるようなものがよいのです。ところが場合によって、話題が税務調査から大きくそれて、社長の独演会のようになってしまうことがあります。この種の失敗には十分注意すべきです。

3　話題の中断

社長が上記のようにエスカレートしてしまった場合には､たとえば部長が｢お電話です」「お得意先の方がお見えになりました」等の用事をつくって社長を連れ出し、思いきって話題を中断させることが必要です。

Q28 工場内部の調査

▶現地で準備しておく資料の種類

本年度は、しばらくぶりで税務調査を受けることになりましたが、税務当局側から工場へ行きたいとの意向がありました。工場側は心配しています。税務調査は工場の中まで調べるものでしょうか。

A

Point

1 税務署が工場へ行くと聞いたが本当か…
2 工場の事務所は狭いし書類もバラバラ…
3 たしかに前年度の製造原価は異常に高いが…
4 法人自体が原価分析を行うことの意味とは…

当面の対応

1　調査の理由

本来、工場等への調査は行うべきなのですが、通常は調査時間の関係等による制約があり、省略されるケースが多いと思われます。調査官のタイプにはいろいろあり、必ずしも同一方式による税務調査が行われるわけではありません。

2　資料の整備

工場での税務調査は今回初めてですので、事前にどのような準備をしておくべきか、以下に示してみましょう。

① 製造日報等の資料整備……製品生産量と製造歩留りの変動理由の関係資

料整備等

② 材料棚卸の資料整備……材料棚卸原始記録たる棚卸タグ・リスト関係資料整備等

③ 屑等の資料整備……作業屑、副産物等の回収、処分関係資料整備等

④ 人件費の資料整備……実在性特に契約社員、パート、外国人等の実在性、源泉税関係資料整備等

⑤ 新設備等の稼動資料整備……特別償却・税額控除稼動設備の現状と関係資料整備等

⑥ 遊休設備等の現状と資料整備……遊休・稼動休止設備の状況と関係資料整備等

⑦ 修繕設備等の現状と資料設備……大規模修繕後設備の現状と関係資料整備等

⑧ 研究費等の資料整備……試験研究費等の税額控除を行っているときは、その費用の内容と区分経理関係資料整備等

⑨ 製造原価構成要素の分解資料整備……製造原価のうちに占める材料費、労務費、経費の割合およびその期別変化の理由関係資料整備等

⑩ 製品、仕掛品等の評価資料整備……評価方式、原価差額調整関係資料整備等

今後の対応

1　重要事項

きびしい競争社会で法人が生き残ることは容易ではありません。とくにメーカーにとっては、コストダウンは最も重要なことといえましょう。これは、税務調査においても同様であって、法人の利益操作は売上げ、仕入れ、棚卸資産（＝売上げ・製造原価）において行われる関係上、製造原価の処理の適否が税務調査においてきわめて重要な事項の１つとして考えられます。

2　原価分析

原価分析は、法人自体が厳密に行うべきであり、単に税務調査のために行うというよりも、法人がその内容を把握していなければならず、したがって税務調査に先立って、その原価分析資料を作成しておき、税務調査に際しては、それを提示して説明できるような体制を確立しておくことが望ましいといえましょう。

3　今後の動向

税務調査は、現在の税収不足を起因として、ますますきびしく、かつオーソドックスになり、とくにメーカーについては、従来あまり行われていなかった製造原価に対する調査が、深くかつ詳細に行われるようになるでしょう。

Q29 職員名簿の確認

▶税理士事務所の職員名簿で確認を

税務署から、「法人５部門の山田ですが、○月○日より税務調査を行いたい」との申入れがあり、社長が了承しました。顧問税理士が調査した結果、この山田氏は上席調査官で、本年７月にＴ市の税務署より転勤してきたようです。社長の自宅もＴ市付近なので、共通の話題があればと考えていますが、いかがでしょうか。

A

Point

1 税務調査にはどのような人が来るのか…
2 当税務署転入前の場所と階級は判明…
3 税務職員名簿以上の情報をとるのは困難…
4 コネや顔利きの時代はもはや終わっている…

当面の対応

1　相手確認

ビジネス成功の是否は、相手方の体質を十分知ることにあります。このことは、法人が税務調査を受けるときも同様ですが、税務調査の場合は法人側、税務当局側、ともに初対面であり、とくに調査官個人に関する情報を入手することは容易ではありません。

2　職員名簿

オープンになり、市販されている出版物に税務職員録があります。これには国税局、税務署ごとの各部門別に個人名が記載され、調査部門には、上席調査官等の職位および新規転入者の直前の税務署名等が記載されています。

3　常備の有無

この職員録は、税務調査が毎年あるわけではない一般の法人ではとくに必要ありませんが、税理士事務所では、毎年複数回の税務調査がありますので、所属税理士会より名簿が配付されています。

4　名刺で判断

最近は、調査以前に調査官と名刺交換する機会がありますので、職名等が明らかになり、ある程度、税務調査の性格を判断することが可能です。

5　名簿の効用

この税務職員名簿でわかることは、調査官の署内のランク、転入直前の税務署名等にとどまります。もっとも、法人側としては、それだけの情報でも、不安なときの「ワラをもつかむ」心境で、有効なものといえましょう。

今後の対応

1　コネを利用

税務署に顔が利く税理士に頼めば無理が通るという時代は終わりました。現在は逆に、かつて有力といわれた大物税理士が当局のきびしいチェックを受けているようです。要は、調査官にコネがあれば甘くみてもらえるのではなく、どの調査官の調査を受けても、同じ結果となる時代になったのです。

2　対応の相違

同じ取引についてＡ法人は是認、Ｂ法人は否認というケースがあり得ますが、その原因としては、税務調査において納税者側の対応の相違が挙げられます。

3　事例（海外研修費関係）

たとえば、同時に海外研修を行ったＡ、Ｂの２法人の社長の海外出張旅費につき、Ａ法人は税務上全額損金認容されたことに対し、Ｂ法人の場合には50万円全額の否認を受けた場合があるとします。

この理由は、Ａ法人では研修関係費用の領収証が提示されたことに対し、Ｂ法人の場合は紛失等の理由により調査官に提示できなかったためなのです。

すなわち、この場合は、同一取引につき否認、認容と課税処分が分かれたのですが、その原因は調査官側にはなく、法人側にあったのです。

Q30 社長の性格・人柄

▶社長の個性的な性格について

当法人の社長は情に厚く、いわゆる「面倒見のよいオヤジ」であり、極端にいえば「時代おくれ」の人間です。したがって、税務調査に際しても、調査官と話し込んでしまうタイプなのですが、このまま税務調査を受けてもよいでしょうか。

A

Point

1 情に厚い社長は話し好きで止まらない…
2 個人的な話題を職場で横行させては…
3 このきびしい時代はビジネスライクに…
4 税務調査に対する法人側の最終決定は社長が…

当面の対応

1　よき時代

当法人の社長は、裕福に育てられたいわゆる「ボンボン」であり、よき時代の典型的な日本人といえましょう。それだからこそ、この地域で、人情をベースとした経営があたり、一応業績のよい法人経営が可能となったのです。

2　社長の性格

社長の性格は税務調査においても変わらず、調査官の質問に対しても細かすぎるほどの説明を行い、あまりにもていねいすぎて、かえって調査官が恐縮してしまうこともあるくらいです。これは社長の性格からいって当然といえましょう。

3　世間の風潮

社長の人間性が善良であることは言うまでもありませんが、この忙しい現代においては、行き過ぎた場合には、うまく世の中とマッチしなくなります。しかし社長ですし、そのことを意見できる人間は社内にはいません。

4　話し相手

社長の人脈は広いのですが、年齢が80歳を過ぎており、第一線に立っているとは言えず、したがって来客があればそれがたとえ税務調査に来た調査官であっても、構わず話しかけてしまうのです。

5　公的業務

社内、ことに就業時間中は、ビジネスライクな行動を採るべきなのは言うまでもありません。悠長な世間話で１日が終わってしまうようでは、法人は生き残れない時代なのです。まして、税務調査という公的な業務を行う場所かつ時間帯で、私的な言動はつつしむべきなのです。

今後の対応

1　回答の要領

社長の感覚が通用した時代は終了したのです。今後、税務調査に際しては、社長がまず挨拶を行ったあと、実地調査を受け、その際に受けた質問に対する回答はすべて長男である専務取締役が回答することにします。ただし、税務の専門的な質問に関しては、同席している顧問税理士と相談して回答するようにします。

2　否認を理解

実地調査が終了し、問題とされた否認予定の各テーマについて、社長は理解し得る範囲で納得しますが、どうしても不服の場合には、そのつど、専務や税理士に相談するよう強くアドバイスをします。いずれにせよ、社長には、調査官の指摘した否認予定事項を十分納得して修正申告を行うことに同意していただきます。

3　社長の納得

否認予定事項のうち、社長がどうしても納得のいかない事項については、その項目を除外して修正申告を行い、除外した項目については、更正の決定を受けたのち、異議申立て、ないしは審査請求を行います。

なお、これらの決定は、すべて社長が理解し、かつ十分納得して行うこととします。

Q31 税理士との関係

▶長続きしない顧問税理士

当法人は顧問税理士との相性が悪く、現在までにどの税理士が就任しても、長続きしません。一番困るのは、皮肉にも税理士が交代した直後に税務調査があることで、調査官から税についての専門的な質問をされても、うまく回答することができません。どうすればよいのでしょうか。

A

Point

1 法人と顧問税理士の信頼関係はどうか…
2 法人の税理士に対する反省点はないか…
3 税理士の法人に対する反省点の潜在は…
4 社長、税理士、経理スタッフの絆は強いか…

当面の対応

1　信頼関係

顧問税理士とのつきあいは、通常、10年、20年、またはそれ以上長く契約が続いている例が多いのです。顧問税理士の業務には、税務情報の伝達、記帳代行、決算、税務申告とサイン、調査立会等多くがありますが、基本的には法人との信頼関係が重要なのです。

2　財産を公開

すなわち、法人は顧問税理士にすべての財産を公開することになるのですから、これは並大抵の信頼ではできない相談です。いずれにしても、この信頼関係は、一朝一夕に成立するわけではなく、長い年月をかけて築かれるものです。とくに、税務調査の場合などは、調査によって法人は丸裸にされてしまうのですから、その際、立会を行う顧問税理士との信頼は絶対的に必要になってきます。

今後の対応

1　法人側の反省事項

当法人の場合、顧問税理士との契約期間がいずれも短期で終わっていることから推測すれば、その原因は一応法人側にあると考えられます。その真偽は別として、法人サイドから、その点をチェックしてみましょう。

①　無理な要求

顧問税理士に対して、無理な節税、さらには脱税まがいの要求をしていないか。

②　業務過大

依頼している業務の量が多く、ハードではないか。

③　態度

顧問税理士は法人スタッフに税務を教えているのですから、税理士を「使っている」という表現に代えて、「お願いしている」ように改めるべきではないか。

④　報酬

顧問税理士に対する報酬が著しく低くないか、あるいは以前に決めた低い報酬をそのまま抑えて継続していないか。

⑤　立会のみ

顧問税理士に法人の経理内容にいっさいタッチさせず、単に税務調査の立会、あるいは税金の値引交渉だけを依頼していないか。

2　税理士側の反省事項

法人の反省は上記のとおりですが、税理士側にも継続できなかった原因がなかったか、チェックしてみましょう。

① 消極的な姿勢

税務調査で法人の処理が否認されそうなときに、それを見過ごし、結局否認されたことはないか。

② 立会欠席

本来、税理士が立会をすべき税務調査の場にいなかったことはないか。

③ 質疑応答

法人側から税務問題について質問を受けたときに､回答しなかったこと、部下に丸投げしたこと、回答が遅かったこと、回答が間違っていたこと、かつ、高い報酬を要求していないか。

④ 来社目的

昼間は法人に姿を見せず、夕方、部長のところに来て、そのまま一杯やるためだけに来社していないか。

⑤ 確認なしのサイン

法人税や消費税の申告書に、十分な確認をしないでサイン、捺印をしていないか。

Q32 現況調査の方法

▶予告なしに調査官が事務所に現れた

当法人は小規模の法人ですが、取扱品のうち当法人独自の特許品があるため、業績は好調です。ところが先般、予告なしに税務調査を受けたので、商売は大きく混乱しました。このような調査が許されるのでしょうか。

A

Point

1 現況調査はどのような調査か…
2 予告なしでは準備も対策も…
3 現物を抑えて課税する方式で…
4 あまり強烈だと批判が多く…

当面の対応

1　現況調査とは

税務調査のうち、国の一方的な都合により行われる税務調査の１つに「現況調査」があります。これは形式上は調査ですが、実質は捜査に近い性格を有しており、初めて経験した法人は面食らってしまうことがあります。

しかしながら、この現況調査の方式は、正規に認められていますので、調査の方針に従って協力し、一刻も早く、緊張度の高い事務所の雰囲気をやわらげるようにすべきです。

2　現況調査の事例

現況調査の際に行われた調査内容ならびにその結果としての税務認定の事例を示せば、以下のとおりです。

調　査　内　容	税　　　務	認　　　定
● 現金関係（現金残高と出納帳残高が…） →	調査当日の現金を調査官の立会の元でカウントし、その日の出納帳残高と突合したところ、現金残高が多かったのです。 →	アンマッチの場合には法人全体の経理が不信となる傾向があります。
● 預金関係（簿外預金の発見を…） →	法人帳簿に計上されている銀行口座と銀行より受け入れたカレンダー、メモ等各種ノベルティと突合しました。 →	アンマッチの場合、簿外・架空（カラ）預金等が発見される場合等があります。
● 金庫関係（金庫の中には意外なものが…） →	法人が現在使用中の金庫を開ける旨の依頼があり、その結果多量の金の延べ棒が出現、これが法人帳簿に計上されていません。 →	金の延べ棒を取得した資金源の説明ができないときには、法人所有品と認定されます。
● 在庫関係（廃却済のはずの…） →	法人が過去に廃却処理した在庫品が依然として新品のまま保管されており、法人帳簿には不計上すなわち簿外処理されていました。 →	簿外品は当然、修正申告となります。

以上のとおり、現況調査は予告なしの不意打ちであり、即物的な税務調査の方式ですから、事実が明らかになればただちに修正申告をしなければならず、また脱税額が多額の場合には修正申告が認められず、すべて更正決定が行われ、かつさらに重加算税が課せられることになるでしょう。

この調査方式は税務当局としてはきわめて有効な方法なのですが、法人側からすればかなり強烈ですから、不評の傾向が強く、最近は不況の影響もあって、よほど悪質な場合でない限り、適用されていないようです。

今後の対応

1　当局への通報

税務当局が、民間から特定の法人にかかる不当、不法、脱税行為等の処理存在の通報を受けたとき、あるいは当局自体が行った準備調査の段階において財務数値の趨勢が著しくアンバランスのとき等の場合には、税務当局は、この種の法人につき現況調査を行う意思決定を行うことがあります。

2　通報者の正体

この種の通報を行う者は、「正義の味方」のほか、当法人に恨み妬みをもつ者等が多いのです。しかもそれらは一般人ではなく、当法人の取引業者、同業者の役員、従業員、ならびに以前の取引業者、けんか別れした退職者などの可能性が高いのです。

現代のようなきびしい競争社会においては、必ず敗者が発生しますので、やむを得ないと考えざるを得ないのかもしれません。

Q33 銀行口座の調査

▶銀行から口座チェックの通報が

父が亡くなり、先日、ようやく相続税の申告を済ませほっとしたところです。ところが本日、銀行の担当者より、税務署が父の銀行口座を調査しているとの連絡を受けました。税務調査はそこまでやるのでしょうか。

A

Point

1 相続税の税務調査はどこまで行うのか…
2 銀行口座を直接調査すると、どのような問題が…
3 相続以後は銀行側は口座の内容を明らかにする…
4 申告前に自己の銀行口座を分析しよう…

当面の対応

1　問題の個所

税務調査において、以下のような問題点が明らかにされ、即修正申告をすることになりました。

①　借入金の担保資産が申告漏れであること

父は銀行から借入金があり、したがって相続税申告に際しては借入金を債務控除として相続税申告を行ったのです。しかしながら、うかつにもその担保資産として高額な絵画があったことを忘れており、調査官は銀行担当者からこの事実を把握したのです。財産がにわかに現れたようなものですが、異議なく修正申告をする予定です。

なお、この絵画の評価については、画商、百貨店の美術部等にその鑑定を依頼するつもりです。

② 印税の振込み

父は学者でもあり、かつ実務コンサルタント等として活動していました。父の死を知らなかった出版社から、遅れて父の銀行口座に未払いの原稿料（印税）が振り込まれていた事実があったのですが、これが税務調査の際に発見されたのです。

これらの把握は不注意に違いないのですが、事実であるため、修正申告を行うことはやむを得ないと思いました。

2 調査の特徴

相続税の調査の特徴は、あくまで財産ベースにより課税が行われることが多いので、とくに銀行のように客観性、公共性の高い場所から物的証拠が発見されれば、判断の余地はほとんどなく、残念ながら即修正申告をせざるを得ないと考えています。

今後の対応

1 口座分析

相続税の税務調査の場合には、被相続人の預金口座の増減分析を相続日以前3年間程度にわたって行い、それにより、

① 相続税の対象となる資産等がすべて申告されているか

② 相続人等にかかる贈与の事実はないか

③ 他人の債務等の肩代わりをしていないかどうか

等が判断されます。以下に、これを事例により示します。

預　金　口　座（被相続人）

①　給与収入金	相続人等へ贈与金　③
②　土地譲渡収入金	他の者へ贈与金　④
…	装飾品の購入費　⑤
	有価証券取得費　⑥
	…

【説明】

①…給与所得申告の有無

②…譲渡損益申告の有無

③…贈与税申告の有無（年110万円超）

④…　〃　（　〃　）

⑤…通常品、高額品の判断、申告区分

⑥…取得価額と相続時の評価の妥当性

2　自己分析

この種の銀行口座のチェックは、相続税の税務調査において通常行われますので、申告以前に念のため被相続人の銀行口座分析を行って、申告漏れやミスを訂正しておくことがベターでしょう。

Q34 前回調査の問題

▶前回調査の否認事項は今回はどうか

２年前の税務調査においては、在庫管理が悪く、在庫品につき多額の否認を受けました。具体的には売上ズレと簿外在庫でした。現在は、社長の命令によりコンサルタントを入れてシステム改善を行っていますが、まだ不十分です。今回は別の税務否認があるでしょうか。

A

Point

1 前回の否認は売上ズレと在庫品漏れで…

2 今回は一転して減価償却超過の調査が…

3 最近の機動的な調査は対応が容易でない…

4 どうしても全体的なレベルアップが必要…

当面の対応

1　前回否認

①　売上ズレ

前回の否認事項の第一は、売上ズレであって、現実に期末日以前の売上高にかかる売上ズレ商品の粗利益が、相当額否認対象となりました。すなわち、この原因は、商品が出荷済みにもかかわらず、何の会計処理もしなかったからであり、現在これはほぼ改善済みとなっています。

②　在庫漏れ

前回の第二の否認事項は、委託販売のための預託商品を期末在庫品とせず、簿外処理したことでした。これは現在は、委託商品は積送品処理をしていますので、すべて修正されています。

2　今回の対象

上記のとおり、前回の否認事項は在庫品関係でしたので、当法人としては、税務署内での申送り事項になっていると考えて、この点につき全力で改善に努めてきました。しかし皮肉にも、今回の調査ではこの点は突っ込まれず、建物ごとにその構造別骨格材サイズに応ずる耐用年数の適否のチェック等がシビアに行われました。

3　減価償却

この結果、建物の構造等に応じて耐用年数を適用して減価償却を行うと、かなりの減価償却超過額が発生し、さらにこれが５年間さかのぼって否認されることになってしまいました。この種のミスは、従来は３年間遡及していたのですが、最近は５年間に延長されたので、税負担も大きくなってしまいます。

今後の対応

1　調査の方針

実地調査の方針は、法人部門の統括官が準備調査の結果をみて決定すると聞いています。したがって、必ずしも前回の調査の結果の改善状況を見直すとは限りません。当法人のように、新たな分野の調査を受け、新たな税務否認を課せられることもあるのです。

2　「監査」と「調査」

似て非なるものに、「監査」と「調査」という言葉がありますが、この２つの言葉の意味内容は大きく異なります。

すなわち、「監査」とは、たとえば公認会計士あるいは監査法人の監査等が挙げられますが、現金より始まって、B／S、P／L等、いわゆる計算書類のすべての内容についてチェックを行い、適正であればそれで終了します。

一方、「調査」とは、たとえば「税務調査」というと、特定の目的すなわち課税所得の適否を確かめるために行うのであり、「監査」のような全面チェックとは性格が異なるのです。

3　随時調査

税務調査はいつ行われるのでしょうか。従来、正常な税務調査のサイクルは３年ごと、かつ決算日よりほぼ６か月経過後の時期、たとえば３月決算法人であれば、その年の10～11月頃が多かったようですが、最近は、経済状況が急変するため、必ずしもこれによらないのが実情です。

Q35 ワンマンな社長

▶同族会社で社長がワンマンな場合

当法人は同族法人で、社長はワンマンです。出身は営業で、人をそらさないタイプです。当法人が今日あるのはそのおかげなのですが、反面、人の意見を聞かず、時にはムキになって人と衝突することがあります。税務調査において何か問題が起きないか心配しています。

A

Point

1 社長は挨拶と簡単な法人の説明を…
2 調査官が徴税目的で来社したことを忘れず…
3 社長得意の経営論はやめて質問にだけ答える…
4 権限を委譲し、積極的に若手を育てる…

当面の対応

1　挨拶の要領

ワンマン社長は税務調査に際して、まずエチケットとして調査開始前に挨拶を行い、たとえば以下のような会話をごく簡単に行うことが望ましいと考えられます。

① 最近の業界の景気動向について
② 上記に関する対応と努力目標等について
③ 生き残りの方途と法人の体力等について

以上を一方的に話し、10分程度で「あとはよろしく」と座を立つのがよいのです。

すなわち、社長の挨拶が長びくと、調査官も初めての法人で緊張しており、また調査時間も限られていますので、実地調査の時間がなくなってしまうことが多いからです。

2　回答の内容

ワンマン社長が調査官から質問を受けると、極度に緊張しているためか、急に多弁になり、質問の内容を超えて回答をしようとする傾向がありますが、調査官の質問はあくまで税務的なものであり、そのような回答を期待していないことが多く、ズレが生じます。

3　話題の転換

このように、社長が暴走したのでは税務調査の対応としては失敗ですから、経理担当役員、あるいは立ち会っている税理士が話題を変えること、社長の不案内な部分の話、たとえば前回の税務調査の感想と反省、今後の税制改正の動向等に話題を転換すれば、社長の発言を抑制することができるでしょう。

今後の対応

1　経営上不適合

法人の規模が今後増大することが予想される場合には、現在まで社長が第一線の業務を引き受けていたことは経営上不適合となり、それは以下のようなマイナス要因となります。

2　マイナス要因

①　業務が困難

法人所帯が小規模であれば、社長がワンマン的にすべての分野で第一線で業務実施が可能だったのですが、規模の拡大とともに各部門の業務が高度化し､かつ専門的になって来ているので､社長の個人プレーでは従来ベースでの業務の実行が難しくなっています。

②　体力の限界

社長が法人を設立した時期は50代でしたが、それから約20年経過しており、したがって、社長の体力にも限界がきており、ムリがきかなくなっていることは事実です。このほか、社長と親交のあった取引先のトップの大部分はすでに退任や他界しており、人的関係は大きく変化しています。

3　若手を育てる

したがって、今後の社長は、苦手な税務の分野で直接調査官と渡り合うよりも、担当者を積極的にバックアップして、若手を育成するようにすべきでしょう。

Q36 役員の業務状況

▶同族役員の業務状況に注意すべき

当法人は、法的には、ある一部上場法人が株主となっている非同族会社の同族会社であり、資本金は２億円ですが、留保金課税はありません。しかしながら、同族役員は業績アップもあって、やりたい放題の経営を行っています。このことは税務調査ではどうなりますか。

A

Point

1 現代は役員個人の所得、利得が問題とされる…

2 同族会社で利益が多くても役員は制約を受ける…

3 法人の取引価額はすべて時価による規制が…

4 現実的には低価取引の税務否認例が多いので…

当面の対応

1　同族会社

同族会社、すなわち発行済株式数の２分の１以上を上位３グループで保有している法人、しかもその１つが非同族会社である法人は、非同族会社の同族会社であり、この場合は税務上行為計算の否認は行われるものの、留保金課税はない旨、決められています。しかし、税務調査で同族役員の業務関係の否認が行われたことが、株主である非同族会社に漏れた場合には、その株主は問題視し、役員不信により出資を引き上げること等の策を採るかもしれません。したがって、このような場合には、少なくとも役員業務関係の税務否認については慎重に対処すべきです。

2　課税処分

同族役員の業務につき、税務上問題となった事項と、その課税処分は以下のとおりです。

①　無償家賃

法人が社長社宅として借り上げた高額マンションの家賃は、全額法人が負担していますので、税務上は家賃全額が社長の定期給与に認定されました。

②　無利子で貸与

社長が退職役員から買い取った自社株購入代金については、法人から社長へ株式購入資金として無利子で貸与していますが、この資金は法人事業に直接関係ありませんので、その利子相当額は税務上社長の定期給与と認定されました。

③　交際費等

社長の長男である専務は、家族や友人等とのゴルフ費や食事代金等を交際費等として処理していましたが、これらは法人事業に関係のない費用ですから、税務調査においては臨時役員給与と認定されました。

今後の対応

1　役員の常識

同族会社の役員は、元来、「かまどの灰まで自分のもの」であり、法人の金銭は別として、物品、用役等を受領する際に税金がかかるとは思ってもみないという感じが、むしろ常識的なのかもしれません。

2　時価移転

しかしながら、法人の規模が大きくなり、資産等の所有権の移転や売買・贈与等が法ベースにより決められてくると、同族関係者間だからといって、低価額による安易な資産移転は許されず、移転自体に合理性があり、かつ移転価額はすべて時価によることがきびしく規制されています。

3　低価売買

したがって、法人が時価に比して不当に低い、あるいは高い価額により資産を売買したときには、税務当局はその差額につき補正処分を行います。現実に課税処分が行われるのは低価売買の場合です。高価の場合の事例は税務上の弊害がないため、きわめて少ないのです。

Q37 不正内容の調査

▶不正行為が明らかになったので

当法人の東京支店営業部で、営業部長の商品代金等の使込みがあり、ほかにも不正がある見込みで、法人による現場調査も行われています。しかしながら、本件に関し、その前期以前の部分につき、近く税務調査が行われる模様です。本当でしょうか。

A

Point

1 不正行為は外部からわかるというが…
2 まずは使込み金額を算定してから…
3 不正、粉飾、脱税等が同時に発生する…
4 不正等があった年度の税務調査の結果は…

当面の対応

1　不正行為

新聞等で営業部長の多額の使込みが報道されれば、その件について、当法人の監査役、監査部、経理部、会計参与、公認会計士、監査法人、税理士等が緊張して捜査に協力することになります。それがいったん終了した段階において、さらに税務調査が行われることが多いのです。

2　使込み金額

ここで、当法人としては、まず部長がどのくらいの金額を使い込んだかを算定する必要があります。結果は、以下のとおりとなりました。

内　容	①過年度	②当年度
①売掛金代金横領額	100万円	1,000万円
②現金売上金横領額	800	500
③外注費不正横領額	600	400
（　計　）	1,500	1,900

上記について、当法人は、以下のような修正処理を行いました。

①　過年度分

未決算勘定	1,500万円	売掛金	100万円
		売上げ	800
		外注費	600

②　当年度分

未決算勘定	1,900万円	売掛金	1,000万円
		売上げ	500 → 900万円（税務調査）
		外注費	400

上記のうち、①年度についてはただちに修正申告を行い、②年度の決算に織り込み申告する予定です。

3　税務調査

当法人が上記①の修正申告の実施したあとに税務調査が行われ、この①年度の修正申告は認容されました。

今後の対応

1　未決算勘定

当法人は、上記②の年度において、未決算勘定を損金に計上しましたが、税務調査では、全額損金処理は償却時期が早いとして、税務否認を受けました。

2　同時発生

不正行為が行われると、それが法人に損害を与え、不思議と粉飾と脱税が同時に発生するものです。本件においても、営業部長が不正行為を行うことに伴い、粉飾額と脱税額が発生しています。この内容は以下のとおりです。

年　度	不　正	粉　飾		脱　税（万円）	
(1)	1,500	売掛金（回収済）	100	売上げ（計上漏れ）	800
				外注費（架　空）	600
(2)	200	売掛金（回収済）	1,000	売上げ（計上漏れ）	500
				外注費（架　空）	600

上記のとおりであり、不正発生に伴い粉飾決算だけに注目していると、脱税を見逃してしまう危険があるので注意を要します。

3　自己調査

不正行為があったときに、ただちに法人内で調査を行うことは望ましいのですが、社内調査には限界がありますので、もし、早期に税務調査が行われる見込みがあれば、それを待って最終処理を行うほうがベターです。

現に、上記事例でも、②年度の現金売上漏れ500万円が税務調査により900万円に修正され、不正総額が追加訂正されました。

Q38 名義分散の調査

▶名義分散で非同族化を

銀行から「御社は相続税対策はどの程度進んでいますか」と聞かれましたが、たとえば名義分散などをやれば、税務調査で大きな問題となり、法人、個人ともに大きな税負担を負うことにならないか心配です。アドバイスしていただけますでしょうか。

A

Point

1 相続税対策を堂々とやってよいものか…

2 事業承継を行うために必要な対応が…

3 自社株の意外な高評価、税をどう負担するか…

4 税務調査は資産税部門、資料調査課が担当…

当面の対応

株主名義分散に伴う税の問題は、法人税よりもむしろ資産税としての問題が大きく、税務調査のウエイトも、主として後者のほうが大きくなります。以下に、その概要を税目別に示してみましょう。

① 法人税関係——法人留保所得税課税を回避するため

資本金１億円以上の同族会社は留保金課税を受けることとなりますので、株式の名義分散を行い、株式シェアを大口３グループで50％未満とすれば、その法人は同族会社でなくなりますので、税務上も留保金課税を免れることができます。したがって、この場合、調査官はその名義分散が正規のものであれば、法人処理を認めるものの、不当な租税回避の目的で行われた場合には、留保金課税をその年度以前５年間遡及して徴収するほか、名義分散の動機が不当な税負担の圧縮にあれば、重加算税課税が行われることもありましょう。

② 所得税関係――オーナー配当所得の減額

オーナー所有株式の名義分散を行い、オーナーの配当所得を減少させてオーナー財産の増加を食いとめます。もっとも、名義分散の場合は、単なる配当所得の減額というよりも、以下に示す株式元本の移転の点が税務調査上問題となります。

③ 相続税・贈与税関係――ファミリーの相続税を軽減する

オーナー所有株式の名義分散を行うことにより、オーナーの個人配当所得を減額します。これは相続税・贈与税の税務調査のうちでも最も重要であり、かつ追徴税額としてもきわめて多額となる場合が多いのです。

今後の対応

1　事業承継

現在、相続税はほかの税と異なって増税ムードにあり、とくに資産家や小規模同族会社のオーナーにとっては、大きな税の負担を覚悟すべきです。銀行は、相続に伴う自社株の意外な高評価を心配しているのです。

2　高価な株価

相続税評価額の高い小規模同族会社とは、以下のような特徴を有する会社です。①業績良好で１株当たり利益の高い会社、②特別配当以外の配当、普通配当をしない会社、③土地、借地権等の含み益の多い会社等、です。

3　名義分散

上記のような法人は、自社株の評価が著しく高く、したがって相続税の負担も多く、事業承継ができにくいため、時間をかけて自社株の名義分散を行っていくのですが、その場合、割高な贈与税を納税しながら時間をかけて実施していくことになります。

4　贈与税等

事業承継には、多くの納税資金を要します。贈与税の税率等はきわめて高く、したがって、短期的に満足のいく事業承継を行うことは難しいでしょう。ただし、平成23年度税制改正案において、事業承継をする相続人の特例が設けられ、また孫への贈与を優遇する改正が含まれているようです。なお、相続・贈与に関する現実の税務調査は、法人課税部門ではなく、税務署の資産課税部門、または国税局資料調査課、もしくは両者が合同して行います。

Q39 個人費用の調査

▶社長の個人的費用を法人が負担していた

当法人の社長の役員給与は意外に低く、それに伴って法人全体の給与ベースも低くなっています。しかし、法人が社長に社宅（マンション）やハイヤー、その他個人的費用をかなり負担しています。税務調査ではどうなりますか。

A

Point

1 社長の公私混同が許される範囲はどこまでか…
2 社長個人が負担すべき費用は月額いくらか…
3 公私混同が過ぎると税務の問題にとどまらない…
4 適正給与への是正は全法人ベースで判断を…

当面の対応

1　公私混同

同族会社では、社長は何でもできる立場にありますので、時に公私混同をやって個人的費用を法人に負担させるケースがあり得ます。このことを社内で誰も指摘できない場合、きびしく規制できるのは税務調査だけになります。

一方、社長の言動は法人の内外で、見ていないようで実際は詳細に観察されており、きびしい評価をされていることを忘れてはなりません。

2　負担区分

調査官が、社長の個人費用を法人に負担させているリスト（下記参照）を作成し、社長に提示しました。

（万円）

支出費用	費用負担金	現負担区分		要法人負担額	要個人負担額
		法　人	個　人		
●社宅賃借料	40	40	0	20	20
●ハイヤー代	30	30	0	20	10
●ゴルフ関係費	（注１） 20	20	0	20	0
●寄附金（採用費）	（注２） (100)	(100)	0	(100)	0
●諸会費	（注３） 10	10	0	5	5
●特殊関係使用人（おてつだい）	15	15	0	0	15
（計）	115	115	0	65	50

（注１）　月割平均額
（注２）　社長出身校への支出金（前年で打切り）
（注３）　同窓会、青年経営者、経営塾、ロータリー会費

3　社長の意見

社長はこのリストを見て、「やむを得ないと思うが、ハイヤー代月額10万円の個人負担は心外」との強い反論がありましたので、調査官はそれを受け入れ、個人負担額は差引月額40万円に決定されました。

今後の対応

1　信用が失墜

社長給与を抑えて税の個人負担を減額し、併せて法人全体の給与ベースを圧

縮する経営手法は、税務当局により否定され、不当処理を指摘された結果となりました。この種のきびしい指摘は今回が初めてですが、これが繰り返されれば、社長の内外における信用が失われてしまうおそれがあります。

2　給与の増額

これを是正するためには、まず社長の給与を見直して、たとえば月額40万円をアップすれば、社長個人の税負担は増えますが、当面の危機をスムーズに乗り越えることができると考えられます。

3　給与の見直し

今回の税務調査において問題とされたのは、社長の公私混同による課税だけで、ほかにはとくに何もありませんでした。その結果、社長の給与だけをアップさせるのは何か釈然としません。

したがって、この際、使用人側の給与も同時に見直しを行い、不合理な点があれば増額すべきであり、その他、今後は利益が多かった年度には思いきって使用人賞与を出すことも必要でしょう。そのようなことがないと、法人のイメージが悪くなり、有能な社員が去っていく結果になりかねません。

Q40 非就業者の調査

▶実際は就業していないファミリーの場合

当法人は少人数の同族会社ですが、なかなかよい業績を上げています。現在、社長の妻、長男（大学生)、祖母（妻の母）に対し、使用人として給料を支払っています。税務調査ではどうなりますか。

A

Point

1 ファミリーの就業事実を明確に立証すべき…
2 口頭だけでなく現実の証拠資料をベースに…
3 不意に本人に確認することもあるので…
4 同族以外の使用人から同族の実態を聞く…

当面の対応

1　カラ給与

税務上、給与が損金算入を認められるか否かは、現実に法人の業務に従事しているかどうかによります。実際に業務していることが立証されれば、損金処理は認められるのです。社長の家族が、名目だけの使用人で、単に給料だけを受領しているような場合には、税務上、その給与はカラ給与となり、損金算入は認められません。

2　名義分散

また、カラ給与にとどまらず、単に名義だけを借りて給与である損金処理を行い、現実に現金の支払いがない場合、さらにもっとエスカレートし、その家族自身も給与が支給されている事実を知らないようなことが発生した場合は、まったくの仮装処理であって、損金算入が否認されることはもちろん、仮装取引として重加算税の対象となり、税負担はきわめて大きくなるでしょう。

3　使用人に確認

税務調査では、家族の給与等が多額の場合には、調査官がその家族と個人的に面接を行い、業務従事の状況、給与の額、持株数、持株取得の理由・財源等の質問を行って、現実と申告内容が合致しているか否かを確認することがあります。

このほか、法人の同族以外の使用人に、同族ファミリーの法人における就業実態を聞き込み、その情報によって税務否認となることもあります。

4　不意打ち調査

このチェックによって、税務調査に慣れていない家族はパニックに陥り、調査官にうっかり真実を、あるいは真実ではないことをしゃべってしまい、カラ給与、名義借給与等の事実が発覚し、予想もしなかった大きな税負担を負うこともあり得ます。

今後の対応

1　業務の立証

税務調査においては、家族の給与を損金に算入する条件として、法人の業務に就いていることの立証が必要です。いくら家族が「私は法人のために一生懸命働いています」と言っても、これはただ口頭で言っているだけにとどまり、その証拠がなくては認められません。

2 立証方法

税務調査に際して、業務をしている立証の手段としては、たとえば以下のような方法があります。

① タイムレコーダー

事務所にタイムレコーダーを設置して、役員以外、すなわち使用人はもちろん、家族も出社・退社の時刻を打ち込むことにより、出社した事実の記録が得られますので、業務しているかどうかはともかくとして、少なくとも出社して事務所にいた事実の立証にはなります。

② 職制表等

家族を配置した法人の職制表を作成し、業務規程、フローチャート等とともに責任と権限、チェック等を明確化します。さらに、業務日誌等による業務実施のチェックと承認印、サイン等を十分かつ漏れなく実行するようにします。

Q41 役員給与の調査

▶定期同額給与を超えて支給する

当法人は小規模のスーパーを経営している同族会社であり、ここ数年、若干の赤字が続いていたのですが、本年度は天候不良により農作物の値上益が生じたので、それを役員・幹部社員で分配しました。税務調査で問題となるでしょうか。

A

Point

1 役員に利益分配として臨時報酬を支給したいが…
2 定期同額と臨時給与の区別はどう行うか…
3 臨時役員給与と使用人賞与の税務処理区分は…
4 臨時役員給与の損金処理はすべて否認されるか…

当面の対応

1　役員給与

①　定期同額給与

役員の給与は、まず、(a)株主総会で取締役、監査役に区分して支給枠の承認を受け、かつ(b)過大とされない範囲の額で、(c)定期的に同額の給与支給を行えば、その支給額はすべて税務上損金算入が認められます。

②　臨時給与

上記のとおり、役員給与は定期同額方式により支給すれば、税務上損金に算入されます。一方、臨時に支給した給与は、全額臨時給与損金不算入とされます。この点、税務調査は役員給与をきびしくチェックし、(a)臨時支給額のみならず、(b)定額給与超過支給額についても、臨時支給額とみなして損金不算入とされるのです。

2　使用人兼務役員

①　区分判断

上記１②のとおり、税務調査は、臨時役員給与支給額および増加支給額の存在をチェックしますが、使用人兼務役員の使用人分給与の増加分であれば、税務上とくに損金不算入とはされません。

②　税務判断

使用人兼務役員はわが国特有の存在です。税務上、同族会社判定の株主グループに属し、かつ持株所有率が５％未満でないと、使用人兼務役員が認められませんので、税務調査は株主名簿を点検し、その所有割合以上であれば、その者は税務上使用人兼務役員にはなれないのです。したがって、税務調査ではこの点に関し、必要と認めれば本人面接等による直接確認が行われることがあります。

なお、税務調査に際しては、確認に備えて所得、預金、自社株、不動産、借入債務等について十分確認しておき、不意に調査官がそれらの額、数について確認を求めたときでも、パニックに陥って誤った回答をしないように心がけてください。

今後の対応

1　事前の届出

①　メリット

会社法は役員給与をすべて損金処理とすべき旨を明らかにしていますが、税法は臨時給与は損金不算入としています。しかしながら、税務当局は、事前に臨時役員給与の支給予定額を税務署に届け出た場合に限り、損金算入を認めています。したがって、法人側としては、利益確保の見込みが確実である年度は、事前届出方式によって臨時役員給与を損金処理することが望ましいのです。

②　届出期限

税法では､臨時役員給与の事前確定届出方式による届出書の届出期限は､以下のとおり定められています。

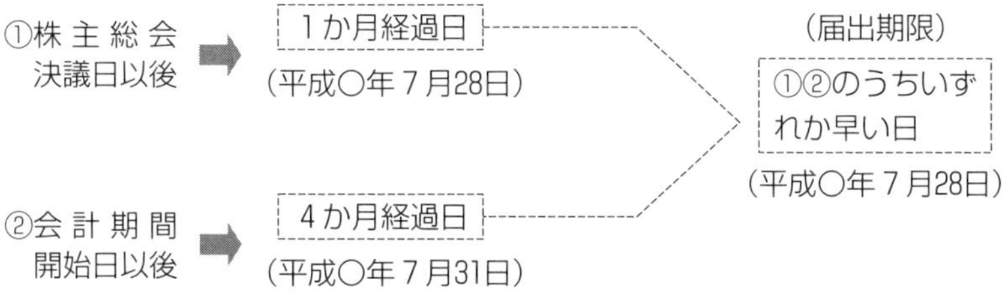

（注１）　上記の会計期間は平成○年４月１日～同○年３月31日です。

（注２）　上記届出については所定の株式が定められているのでそれを利用すべきです。

③　給与の改定

役員給与を増額する場合には、株主総会終了の日から改定後の定期同額給与を支出すべきであり、期首月である、たとえば４月にさかのぼって改定増加額を総会月に一括支給する場合は、税務調査はその額を臨時役員給与と認定します。

2　利益連動方式

臨時役員給与を業績リンクにより支出し、かつそれを損金に算入する方式、すなわち利益連動方式がありますが、この適用は、有価証券報告書を提出している大規模法人に限られ、一般の法人は適用外となります。大法人以外の法人が適用すれば、税務調査で否認されます。

Q42 退職金の調査

▶役員退職金が高すぎるとどうなるか

当法人は、会長の功績によって今日に至った法人です。その会長も、高齢化に伴い、次の株主総会で退任することなりました。会長の役員給与は年額3,000万円、在職期間は26年です、この場合、退職金をいくらとすれば、税務調査が入った場合に認められますか。

A

Point

1 法人創設の大黒柱が退任するときの退職金は…
2 税務調査では高額な退職金は否認される…
3 役員退職金を支給内規に則して支出する…
4 役員退職金の過大部分をどう算定するか…

当面の対応

1　高額は否認

最近は、高額の役員給与が問題になっており、これは退職給与についても同様です。税務調査では、基本的に役員給与の高額な部分は損金不算入としており、このことは役員退職給与についても同様の取扱いとなっています。

2　定款への記載

法人が役員退職金を支給できるか否かは、まず、定款に役員に退職金を支給する場合には株主総会の決議を要する旨の条文があることが必要で、この条文がない限り、法的には役員退職金を支給できないことが前提です。税務上の問題になるかどうかより先に、まず定款の条文を確認しましょう。

3　承認決定

役員退職金の支給が株主総会で承認されたあとは、具体的な支給時期、方法、支給額等を取締役会で決定します。その支給額については、会長、社長、常務、取締役等、その各責任職務の就任期間に応じた積数計算を行って積み上げること、そしてさらに功労評価を行うことが多いのです。

4　計算事例

以下に、このたび退任する会長の場合の、退職金計算例を示してみます。

【事例】

①積算

職　務	期　間		１年当たり（万円）		金　額（万円）
●会　長	10年	×	400	＝	4,000
●社　長	10年	×	300	＝	3,000
●常　務	４年	×	200	＝	800
●取締役	２年	×	100	＝	200
（計）	26年				8,000

②功労

アップ率				
●特Ａ（１＋0.5）	× 8,000	＝	１億2,000万円	退職金額
●Ａ（１＋0.3）				
●Ｂ（１＋0.1）				
●Ｃ（１＋0.0）				

上記のとおり、まず職務別の「①積算」を行い、次に、「②功労」のあった役員については、その功績度に応じた加算を行います。

このように、退職金の支給算式を定めておけば、退任役員が発生した場合に、その算式を当てはめて退職金の額を客観的かつただちに算定することができるのです。

5　明確にルール化

税務上、退職金のうちに過大金額があれば、その部分は損金に算入しない旨の規定がありますが、退職金の計算を上記のようにルール化しておけば、たとえば特定の同族役員だけが不当に高額の退職金を受領することはなくなり、過大問題もなくなります。

今後の対応

1　退職金形式

退職金は所得税法上優遇されており、したがって、役員のうちには税法上不利な臨時役員給与の受給を先に延ばし、退任時点に退職金形式にて臨時給与をまとめて受け取るケースがないわけではありません。こうなると、退職金が過大かどうかという次元ではなくなってしまいます。なお、この種の弊害に対応して、平成23年度税制改正案においては、5年以内の退職金控除を除外する旨の改正案が示されています。

2　勝ち組・負け組

現代は、同一業種においても経営力によって大きな業績の格差が生じており、二極化している状況といえます。このことは、業績だけでなく、給与や退職給与等についても同様です。したがって、これを単純に比較して、過大部分を把握することは、事実上困難となっています。

Q43 地代・権利の調査

▶地代がゼロなら権利金は

当法人は、部品生産のため、子会社に土地を権利金ゼロで貸与し、地代は固定資産税相当額を受け入れています。これは税務調査で問題となりませんか。なお、部品の子会社における生産は、今後、当分継続したいと思っています。

A

Point

1 親会社の空地を子会社が権利金ゼロで使ってよいか…
2 地代をいくらにしたら問題は生じないか…
3 税務上、土地の一時使用が認められる要件とは…
4 100％グループ法人内子会社への譲渡はどうか…

当面の対応

1　高値安定

バブル期以後、土地価額は急落した時期がありますが、それでも立地条件のよい地域は、依然として高値安定化しています。当法人所有の空地も、立地条件がよいため、依然として高値となっています。

2　移転方式

以下に、借地契約を行った場合の法形式の種類を示してみましょう。

① 借地権譲渡方式

これは土地の貸手が借手に借地権を譲渡することにより、借地権の所有権が移転する売買方式です。最も標準的な方式であり、借手がその土地に借手名義の堅固な建物を建築しても、税務調査上、とくに問題は生じません。

② 一時使用方式

これは一時的に土地を貸与し、短期間内にそれを貸手に戻す土地等の短期賃貸借方式です。したがって、この場合は、税務調査で契約の点検さえ終われば、とくに借地権の譲渡をめぐる税務問題は生じません。

③ 定期借地権方式

これも最終的に借地権の譲渡が行われず、無償返還する契約による土地賃貸借方式です。この場合には、契約時の支出金の性格が長期前払地代であったり、保証金等の場合もありますが、税務調査上、原則的に問題は生じません。

3　本件方式

調査官は、上記に示されている土地の賃貸借は一時使用であり、とくに借地権受贈益の認定は生じないと考えられるという一方で、以下の点が不明確であるため、最終的な結論は少々時間を要するとのことでした。

① 建物内容……子会社が建設する建物は簡易建物であり、一時使用的なものであればよいが、本格的な建築であれば、子会社に借地権受贈益の認定が行われることがあること

② 賃貸目的……子会社の土地使用期間が長期化する場合には、その契約では一時使用とはならず、借地権譲渡の認定が行われやいいこと

③ 届出書……土地賃貸借が行われたときには、すみやかに賃貸借に関する要件を記載した所定の届出書を、親・子会社の連名において税務署に届け出るべきとされており、中でも一時使用契約のときはとくに必要であるにもかかわらず、いまだに提出されていないこと

今後の対応

1　課税繰延

従来から、連結納税制度は存在していますが、平成22年10月１日以後にグループ法人課税制度が設定され、親会社所有土地の借地権を100％グループ内子会社に譲渡した場合、親会社の借地権譲渡益はその譲渡時点では課税されずに繰り延べられるのです。

2　譲渡通知

親会社の譲渡益は、いつ税務調査により課税されるのでしょうか。譲受子会社がそれをグループ外に譲渡したときに、親会社で当初の借地権譲渡益が課税されるのです。すなわち、子会社が借地権を譲渡したときには、その旨を親会社に通知すべきとされています。親会社の税務調査は子会社をチェックする必要があるからです。

Q44 不明金額の調査

▶使途不明金の支出が命取りに

当法人は同族会社で、社長が１人で法人を切り回しています。社長は営業マン出身で商売もうまいのですが、欠点といえば、金銭にルーズな点であり、収支も時が経過すると、わからなくなってしまうのです。先日、近日中に税務調査がある旨の予告がありました。この状況下で、税務調査のおいて、どのような問題が生じますか。

A

Point

1 不明入金・出金処理はどう解決するか…

2 不明支出金の会計的把握は容易ではない…

3 使途不明金の種類と税務調査との関連は…

4 使途不明金処理に関する救済策はないか…

当面の対応

1　不明入金

法人に金が振り込まれたときに、それが売上代金か、売掛回収金か、屑売却代金か、借入金か、増資入金か等の区分ができなければ、会計処理はできません。単に現金預金の記録があるのみで、ほかのことはいっさいわかりません。このことが把握できないと、未入金の状態もわからなくなってしまうのですが、法人は案外入金については寛容で、大きな問題にならずに済んでしまう場合もあります。

2　不明出金

この反面、出金となると、これがいったんルーズになってしまうと整理するのが難しく、混乱が生じてしまう可能性があります。すなわち入金がルーズの場合と、出金がルーズの場合とでは、意味合いがまったく異なってきます。

3　社長の負担に

支出内容が不明の支出金が多数損金処理されていれば、税務調査では、損金処理支出金は全額損金否認、あるいは、社長貸付金への振替処理を行います。

4　不明金の区分

ここで、使途不明金を性格に応じて以下のように分類してみましょう。

①　事実上のもの

これは、たとえば、社長が領収証等を紛失して使途を本当に忘れてしまった使途不明金のことで、この場合の加算税は10％のことが多いでしょう。

②　意識的なもの

これは、法人側が使途がわかっているものの、税務調査官には不明と答えるよう指示されている使途不明金です。この場合は重加算税35％が課せられるケースが多いでしょう。

③　秘匿的なもの

これは、法人側が使途不明金の税務調査に協力せず、調査拒否を行った際の使途不明金であり、税務当局はこれを「使途秘匿金」といいます。この場合、法人は追徴税金のほか、割増税40％が併課されますので、税負担としてはきわめて大きなものとなるでしょう。

5　多額の税負担

使途不明金自体は、現代においては支出すべきものではありませんが、万が一誤って支出金を使途不明金と認定される可能性がある場合には、できる限り使途を証明して、税負担を減らすよう努力すべきです。場合によっては、税額が対象否認金とほぼ同額となってしまうこともあるでしょう。

今後の対応

1　支出しない

使途不明の支出金は、いっさい支出しないようにすべきです。この支出金がブラックマネーとして不正利用の資金源泉となるほか、大きな社会問題にまで発展してしまう可能性があるからです。

2　社長の責任

使途不明金が税務調査で損金否認された場合には、税務上、社長責任としてその否認金を社長個人が負担する便法があります。具体的には、法人が社長貸付金として修正申告を行う便法です。この貸付金は、法人に利益がある限り、株主配当金、臨時役員給与により消去し、また反面、相続税の場合には、社長の債務控除が可能となるメリットがあります。

Q45 仮受・仮払の調査

▶多額の仮受・仮払の結果はどうか

当法人は、社長も幹部も技術畑出身であり、技術力は高いのですが、資金管理面に弱く、資金不足に頭を悩ませています。この原因は、当法人のB／Sに仮受・仮払が多いため、決算が利益か損益かわからないためです。税務調査はどうなりますか。

A

Point

1 仮勘定利用の利便のため、単にそれだけか…
2 社長等の長期仮勘定利用は税負担が大きい…
3 仮勘定の安易な利用は経営を危うくする…
4 仮勘定は短期決済とし、かつ利益確保へ…

当面の対応

1　仮受の調査

税務調査のやり方として、仮受金勘定をチェックして利益に認定するほうが、新たに資産漏れを探したのち、それを否認するやり方より、作業としてはるかに楽なのです。したがって、調査官は負債の内訳表を作成し、そのうち債務性のないもの、失われたもの、薄いもの等を否認します。

①　長期の仮受

調査官は、仮受金期末残高内訳表の内容の検討を行い、それにより、次のものを利益に認定しました。

●受入後長期化しているもの
●受入相手先不明のもの
●債務性が失われたもの
●不明入金のもの　等

もっとも、税務調査では、単に残高だけを否認するのではなく、なぜ正規の勘定を利用せず、別途資金として仮受金勘定を利用し、法人に入金したか、その事由の適否が確認されます。たとえば、仮受金増は裏売上げ、仮受金減は裏仕入れのケースか否かを、きびしく調査することになります。

② 社長の仮受

法人の資金繰りが銀行等の貸出停止によりピンチになったときには、社長が個人資金を法人に注入することになり、税務調査では、その資金が社長個人の所得税、相続・贈与税等の申告からみて妥当か否かをチェックし、十分に申告されていない社長からの多額の借入金は、法人の裏預金と認定されることがありますので、かならず資金の裏づけを明らかにしておくべきです。

2 仮払の調査

仮払金についての税務調査は、その支出先と法人の関係、支出目的、概算見込のほか、仮払対象物件の換金価値等がチェックされます。たとえば、社長が法人から多額の資金を持ち出して個人的に運用し、その運用益を社長個人が着服しているか否か、不当な寄附金、リベート等を支出しているか否か等が、十二分に点検されます。

① 長期の仮払

役員仮払金のうち、決済が長期化しているものは、税務調査において臨時役員給与あるいは役員貸付金に認定され、かつ給与であれば所得税が、貸付金であれば受取利子が、それぞれ課税対象となります。すなわち、この種の税務調査は、法人税、所得税のダブル課税が行われるケースもあります。

②　社長の仮払

税務調査において、社長の仮払については上記の調査が行われ、また、なぜ多額の資金を必要としたかが詳細に調査され、それらが不当に課税回避の目的で行われたなら、重加算税を受けることがあります。

今後の対応

1　仮勘定処理

会計処理として仮勘定処理が認められるのは、勘定科目あるいは金額のいずれか一方が決まらない場合であり、同種の勘定科目としては、未決算勘定、仮受未決算勘定、圧縮記帳特別勘定、売上未決算等があります。これらは実務処理の区切りのために短期的に利用するときは有効ですが、安易な利用は経営を危うくし、かつ税務調査に際しても大きな負担を負うことがあります。会計処理の十分な管理を行うことはぜひとも必要です。

2　消費税の処理

消費税の税務処理については、仮受消費税、仮払消費税が、この科目の金額、属性として確定しており、上記のような仮勘定処理とはまったく異質の内容となっていますので、区分して処理すべきです。

Q46 無利子貸付の調査

▶代理店等に無利子で金を貸した場合は

近いうちには景気が回復することを信じていますが、現在はとにかく仕事が少なく、販売代理店や子会社である下請工場に無利子で金を貸しています。税務調査で利子相当額が寄附金とされると聞きましたが、本当でしょうか。

A

Point

1 赤字の代理店や下請工場への無利子貸付は…
2 貸手法人と借手法人の事業の関連はどうか…
3 借手が100%グループ内法人のときの処理は…
4 利子請求をしない税務要件の十分な理解を…

当面の対応

1 無利子取引

資金の貸与、供与には、必ず利子、すなわち他人資本利子または自己資本利子が伴うのが正常な経済原則です。しかしながら、法人の業績、資金繰りの如何によっては、経営政策上、無利子とすることもあり、これが税務調査において問題となることがあります。

2 「往って来い」

株式相場の言葉に「往って来い」という俗語があり、たとえば株価が前場で高騰しても後場は下がり、当初の株価に戻ったという意味なのです。逆にいえば、この種の動きは取引があっても利益はゼロであったということです。

3　代理店の場合

①　無利子の説明

代理店と法人は損益共同体であり、代理店が資金不足により財政的にピンチであれば、法人は資金を貸し付け、利子をとれば代理店はさらに赤字になるだけですから、法人は利子を採らない理由を調査官に説明しました。

②　税務判断

法人の説明に対し、調査官は以下のような理由により法人の処理を認容しました。

(a)　債務超過

法人が利子請求を取りやめた代理店は現在売上不足と債務超過になっており、赤字決算が進行中であること

(b)　株主構成

代理店における当法人からの仕入商品の売上割合は、現在60％以上を占めていること

4　下請工場の場合

一方、下請工場は、当法人の100％グループ内法人であり、したがって資金を無利子で融資しても、法人側の寄附金の認定部分は損金不算入、子会社である下請法人は受贈益である認定部分は益金不算入とされます。

なお、この件に関して、100％グループ内法人以外の子会社の場合は無条件ではなく、上記３②に準じて、調査官により他人に対しての寄附金についての税務判断が行われます。

今後の対応

1　税法の条件

資金を取引先に貸与した場合には、原則として利子を徴収すべきですが、以下に税法の要請する条件を示しておきます。

①　借手が債務超過の状況にあること

法人が資金を貸与した相手先の財政状態が債務超過となっていることが必要です。

②　２年程度で再建の見込みがあること

利子を請求せず再建に向かい、２年程度で財政的再建が可能となることが必要とされています。

③　利子の支払実績がないこと

法人が利子請求を取りやめ、かつほかの債権者にも利子を支払っていないことが必要です。

④　債権超過が継続していること

借手が実質的に債務超過が継続しており、当分自力再建の可能性がないことを要します。

2　対象法人

無利子にかかる税の取扱いは、とくにグループ子会社に限ることなく、非子会社であっても、業務の連結が濃い法人、たとえば販売代理店、下請工場等についてもこの取扱いは適用されます。

Q47 屑発生量の調査

▶反面調査により屑売却代の漏れが

当法人は、自動車部品製造を業としています。いつも税務調査で問題となるのは発生屑であり、この発生量が不安定であること、屑の市中相場が激しく動くことにより税務調査がトラブルになるケースが多いのです。どうすればよいのでしょうか。

A

Point

1 屑発生にかかる適正な理論値が算定可能かどうか…
2 原則的に「屑発生量≒売却処分量」がアンマッチで…
3 売却処分量と屑業者受入量との反面調査の関係は…
4 屑発生・利用種類に応じた望ましい税務処理とは…

当面の対応

1　理論値をベースに

作業屑発生の理論値を把握し、それをベースにして屑処理方式を決めるべきです。わが国の製造業、とくに少品種多量生産の製造業者においては、比較的把握しやすいのです。その反面、多品種少量生産の製造業者については、把握が難しく、担当者、および調査官の手間を要します。

2　発生量の概算

調査官は、上記の生産形態（少品種多量生産）のメーカーについては、以下の算式により屑発生の理論値を算定します。

【算式】

材料投入量　×（1－標準歩留率）＝　屑発生量（理論値）

通常、屑発生量は、そのまま屑取扱業者に売却する形態であれば、「屑発生量≒屑売却量」となるはずです。税務調査では、上記の屑取扱業者の反面調査を行うことにより、確認します。

3　量の突合

屑発生理論量と、反面調査による屑取扱業者の屑購入量が著しく相違する場合には、調査官はその差異の理由、とくに屑発生量が屑売却量より著しく多い場合には、屑の簿外処分の有無が詳細に調査され、もしそうであれば、その量や金額にもよりますが、通常の法人税のほかに、重加算税の課税処分が併せて行われるでしょう。

4　反面調査

最近は、税務調査に備えて屑取扱業者の経理内容も明確になっており、しかも業者数も不況の影響により限られてきていますので、法人と屑取扱業者との取引は、単純かつ明瞭となっています。したがって、税務調査の裏づけ資料作成は、以前に比して容易になっているといえましょう。

今後の対応

ひと口に「屑」といっても、法人には以下のような屑が発生しますので、その性格に応じて税務処理を行う必要があります。

	区　分	利用価値	使用区分	処　理
発生屑	製品生産作業屑	利用価値のある作業屑	材料として使用、そのまま使用	原材料
			材料として加工後使用	半製品
				仕掛品
			屑として売却処分	材料費マイナス
				雑収入
		利用価値のない作業屑	歩留率に編入	材料費のまま
		利用価値なく処分費を要する作業屑	材料費に加算	材料費に加算
				雑損失
	設備解体屑	利用価値のある解体屑	設備として再利用	設備貯蔵品
				建設仮 a／c
				除却仮 a／c
		利用価値のない解体屑	設備廃・売却	固定資産廃・売却損

Q48 修繕費用の調査

▶割高な修繕費を損金に算入するには

新製品を生産するために、新規の設備を購入したいと思って調べてみましたら、意外と価格が高く、既存の設備を修理したところ、この修繕費もかなりの高額でした。この費用を損金処理した場合、税務調査ではその全額が否認されますか。

A

Point

1 意外と高額だった修繕費をどう処理するか…
2 資本的支出と修繕費の区分トラブルは多い…
3 証拠資料は整理され、すぐに取出し可能か…
4 修繕費規程等、処理方法のルールの確立を…

当面の対応

1　判定基準

法人が修繕費を支出する場合、従来と現在では、その内容が以下のとおり異なっていることが特徴的です。

従　来	現　在
①　価額の増加工事＊	A　用途変更工事＊＊
②　耐用年数延長工事＊	B　設備追加工事＊＊
③　改良・改造工事＊	C　改良・改造工事＊＊
④　定期・周期メンテ#	D　設備廃・売却
	E　定期・周期メンテ#

＊資本的支出工事　＊＊最近多くなった資本的支出工事
#修繕費工事

2　支出目的

修繕工事費を上記のとおり分析してみましたが、税務調査においても、その修繕費がどのような目的で支出されたかを確認することになります。すなわち、設備修繕費を資本的支出として税務否認する場合には、価値の増加、耐用年数の延長のために支出した額を否認対象とすることになりますが、この要素を測定して税務否認することは実務上あまりにも抽象的すぎて、現実的とはいえません。

3　工事の内容

修繕工事の内容については、稟議書、工事請負契約書等があり、その工事別明細に用途変更、コンピュータ等の新たな機器の追加取付け等の項目があれば、税務調査はこれを資本的支出として否認することになります。

4　二律背反

修繕費の予算を確保するためには、修繕前（ビフォー）と修繕後（アフター）では断然性能がアップすることが強調されないと、社内的にオーケーを得ることはできないでしょう。したがって、稟議書内に、修繕後には能力が大きくアップする、省エネ、エコ化等がある旨を主張するのですが、調査官がこの稟議書をみると、この修繕は単純な原状回復ではなく、レベルアップを見込んだ改造といった印象をもってしまい、この修繕費は否認されてしまうかもしれません。

このように、二律背反的な性格をもっている場合、管理部としてはつらい立場となるでしょう。

5　証拠資料

修繕費の証拠資料としては、以下のようなものがあります。これらが損金算入の是否認を決めるのですから、十分に整備しておく必要があります。

① 現場写真（ビフォーおよびアフター）

② 生産高比較表

③ 工事見積書・請求書（材料・労務・外注費のように工事原価要素別ではなく工事別原価）

④ 工事業者説明書（現状維持、改造、更新、レベルアップ）

今後の対応

1　規程化する

法人は、社内で発生する修繕費について、具体的にどのような修繕費を資本的支出とするのかを決め、規程化しておく必要があります。この種の規程が設定され、かつ継続的に運用されていれば、税務調査において、修繕費を利益操作に悪用している疑いをかけられることはなくなるでしょう。

2　費用区分

工事費といえば修繕費と認識されがちですが、修繕費の中には以下のような費用が含まれているケースが多いのです。事前にこれを工事費から除外して、差引額を実際の修繕費として、資本的支出と修繕費を区分し、調査官に説明すべきです。

【修繕費となるもの】
①設備移転費、②器具備品費、③設備解体費、④廃材運搬費、
⑤リース資産取付費（単価10万円未満を含む）、⑥集中生産移設費　等

Q49 福利厚生費の調査

▶多額の忘年会費等は交際費等に

本年も忘年会シーズンが迫ってきています。最近の忘年会は、人員が増えたせいかあまり人気がなく、参加者も毎年減っており、一部の有志だけで行っています。税務調査でこの費用は交際費等とされますか。

A

Point

1 法人が役員・使用人に支出する費用の制約は…
2 支出する費用は給与と福利厚生費に限定すべき…
3 税務調査は支出目的と多額か否かをチェック…
4 福利厚生のイベントの再考、効果的実施を…

当面の対応

1　支出費用

法人が役員や使用人に支出する費用、つまり社内の者だけを対象として支出する費用は、税務調査においてどう処理されるでしょうか。以下にそれを示してみましょう。

2　給与とは

法人が役員や使用人に支出する金銭等は給与であり、定期の給与のほかに臨時給与、退職給与、さらには現物給与、経済的利益の供与等が含まれます。これらは支給された個人側の税としては給与所得、退職所得として把握されます。

さらに、役員等が死亡すれば、死亡後に法人から支給される給与・退職金は課税相続財産とされ、その額に応じては相続税の対象となります。

これらの支出金については、すべて税務調査の対象となり、適正な価額や適正な処理をしていない場合、たとえば給与がきわめて多額の場合、とくに業績に関係なく役員給与を臨時に支給した場合等は、その過大な部分は損金に算入されないのです。

なお、役員の場合には、その特殊関係使用人の給与も調査の対象となり、かつその否認金も役員の給与と同様に取り扱われます。

3 福利厚生費

法人は法の定めにより、使用人の福利厚生費を負担するほか、使用人の定着を高めるための福利厚生費を支出することがあり、これは原則的に税務上損金算入が認められます。しかしながら、税務調査はこの内容を十分にチェックし、福利厚生費のうち高額なもの、役員・幹部職員等特定の者だけの食事会等の費用はこれを冗費と認識し、交際費等と認定することがあります。

税務上、福利厚生費の損金算入が認められるための要件は、使用人全員が参加できるイベントの費用、さらには同一の業務を一体化により行っている代理店のセールスマン、下請工場の作業員等を含めた忘年会や食事会等の費用も、損金算入が認められましょう。

4 業務会議

最近の法人経営は、社長のトップダウン方式よりも、若手スタッフからの提案を積極的に取り入れることがベターとされています。そのためか、社内会議の回数が増え、それも就業終了時間を超えて行う会議等が増えています。このような場合、法人は弁当等を提供することになり、これはとくに問題ありません。また、就業時間外の会議等に外部から講師等を招いたとき、食事終了後にスナックやカラオケ店等に立ち寄って支出した費用は、その額が多額でない限り、税務調査においてとくに交際費等と認定されることはないでしょう。

今後の対応

1　メリット

従来は、福利厚生のイベントは、法人として以下のようなメリットがあったといえましょう。

① ベースアップにくらべて費用が安上がりなこと
② その費用が全額損金に算入されること
③ 使用人側にとくに課税が生じないこと
④ 企画は法人が行い、使用人はそれに従って行動すればよいこと
⑥ 福利厚生のイベントを通じて、社員同士の親睦が深まること

2　デメリット

しかしながら、現在は、以下のような変化により、福利厚生のイベントに人気がない状況になっています。

① 少額の福利厚生費でベースアップをごまかされたくない風潮があること
② 現在は税務調査がきびしく行われ、福利厚生費が高い、あるいは冗費と見なされれば、給与や交際費等の認定を受けるケースが多いこと
③ 最近は社員旅行等も人気がなく、とくに女子社員から敬遠される傾向が強いこと
④ 現在、ほとんどの法人は不況下にあり、したがってリストラを考えており、以前のように終身雇用を希望しなくなっていること
⑤ 若い世代は個人主義的であり、法人が企画した低い予算によるイベントを必ずしも歓迎していないこと

上記のとおりですから、法人が福利厚生活動を行う場合には、思いきってハッとするような企画で、しかも税務調査で問題とならないイベントを考案すべきでしょう。

Q50 税務調査こぼれ話(1)

▶コーヒータイム

ここで、ようやく半分まできました。いよいよ税務調査が始まることですし、ここでコーヒーでも入れましょう。以前の、大らかだった時代の税務調査について、Q&Aではなく、現在でも参考になるお話をお聞かせください。

A

Point

1 使途不明金がポロリと出てしまった…
2 現況調査でケガをしたときは…
3 税務調査がうまくいったと吹聴したい…
4 乗っていたベンツが簿外資産だったとは…

1 使途不明金がポロリと出てしまった

顧問税理士 以前おもしろい話を聞いたのですが、税務調査が終わって帰りのタクシーがなかなか来ない、調査官がなにげなく雑損失の伝票をめくっていると、会長へ支出した使途不明金が見つかり、否認対象に加えられという話です。

社長 それは残念というべきでしょうね。

顧問税理士 見つかれば当然なのですが、昔は多額の使途不明金等が横行していたのですね。

2 現況調査でケガをしたときは

社長 私の友人の法人に、バブル時代に税務調査、それも現況調査が入ったことがありました。そのとき、経理部長が机の引出しを開けて書類を出そうしたところ、ツメで調査官の手の甲を引っかいてしまい、ケガをさせてしまったのです。調査官も経理部長も当時は若かったこともあり、一触即発、傷害事件になりかけたのですが、顧問税理士が中に入って、どうやら事なきを得たことがありました。

顧問税理士　経理部長は調査に対して無言の抵抗をしたのでしょうか。もしそうなら、これはよくありませんね。現況調査は正規に認められている税務調査の方法ですが、いたずらにホットにならず、クールに対応すべきです。もっとも、経理部長にとっては初めての経験でしたし、パニックになる気持ちもわからないではありませんが…。

3　税務調査がうまくいったと吹聴したい

社長　うちの会社で専務取締役だった者が独立して新会社を設立し、業績的にもなかなか好調なのですが、税務調査が頻繁に入るようなのです。そのたびに「うまく終わった」と公言しているのですが、こういうことは本来、秘密の話題だと思いますが…。

顧問税理士　資金を会社に導入するとき等は、会社は自己の業務内容、業績等を公開すべきですが、税務関係の話題は最もタブーなことに属するはずです。

社長　いや、税務対策を行って、それが当たったことが自慢だったのですよ。聞いているメンバーの感心した顔が見たかったのではないでしょうか。

顧問税理士　よく、脱税は自らしゃべってしまうといいますが、うまくいったことを誰かに話して感心してもらいたいという心理なのですね。この件は脱税ではないので問題化することはありませんが、たとえば電車の中、組合会場、レストラン、バー、飲み屋等、人の集まるところで税務の話は「壁に耳あり」ということわざのように、気をつけなければなりません。

社長　本当にこわいですね。自分では軽い気持ちで話したつもりが、あっという間に世間の隅々にまで知れわたり、思わぬ事態――大きな税負担をすることになる可能性がないとはいえません。税務の情報に関しては、口はつつしむべきです。

4　乗っていたベンツが簿外資産だったとは

社長　以前、耳にはさんだ話ですが、調査官を最寄りの駅から会社まで送迎した高級乗用車が、実は会社の簿外資産だったということが、後日判明したとのことでした。

顧問税理士　いや、これは驚きました。税務調査はいくら強権をもって厳密に行っても、盲点があることは否定できないのですね。

第3章

税務調査当日の経過と対応

Q51 調査官の印象

▶調査官の態度が意外にソフトなので

いよいよ税務調査の当日を迎え、午前10時頃、調査官２人が来社しました。社長、そして管理部長等と名刺交換をしたのですが、調査官の態度はとてもソフトで、いささか拍子抜けしました。調査官というのは、誰もがこのようにソフトな感じなのでしょうか。

A

Point

1 最近の税務調査はソフトかつクールの傾向が…
2 好感はもてるが処理等のチェックはきびしく…
3 質問に対して多弁は禁物、証拠資料を…
4 質問に対しては冗長ではなく簡明な回答を…

当面の対応

1　調査官とは

税務調査を行う調査官は、法人が法人税を適正に申告・納付しているかをチェックする国家公務員です。したがって、法人の申告・納税手続にミスがあればその修正を求め、脱税等の不正行為があれば重加算税等の罰金的加算税を課すほか、悪質であれば犯罪者として告発するのです。

2　紳士的な態度

上記のように、大きな権限をもつ調査官ですが、法人との対応はきわめて紳士的であり、好感がもてるのです。これはちょうど警察官と相対したときを考えればよいのであり、警察官は凶悪犯には強く立ち向かうのですが、善良な市民に対してはむしろ護る立場にあるのです。

3　調査官の任務は

社長以下、法人のスタッフは調査官のソフトなムードを感じて多弁となり、よい調査官が来てくれて運がよかったと内心で思うことでしょう。しかしながら、調査官はビジネスで法人を訪問しているのではなく、法人の特定年度の課税所得とその税額の納付状況をチェックするために来ていることを忘れてはなりません。

今後の対応

1　誤解を防ぐ

警察官が逮捕する人すべてが悪人とは限らず、ときには間違って善良な市民を逮捕してしまうことがあります。これと同様に、税務調査においても、誤解などから不当な課税を受けることがあり、これを防ぐためには、取引の裏づけとなる証拠資料を税務調査に備えて十分整備しておく必要があります。

2　端的な回答

税務調査においては、税務当局側から多くの質問が発せられますが、法人側があわてて質問とは関係ない答えをしたり、質問の周辺情報を詳細に回答してしまう場合があります。調査官はそのようなことは望んでいません。法人側は、質問されたことだけに端的に回答し、それ以外の発言は極力差し控えることが望まれます。

3　指名不可

今回の税務調査でよい調査官が来たからといって、次回も同じ調査官が来ることは原則ありません。調査官の選定は統括官が命じるのであって、「指名」することは不可能です。

Q52 調査官のタイプ

▶来社した調査官のタイプが異なっている場合

今回の税務調査では、２名の調査官が来社したのですが、この２人のタイプがまったく異なっているため戸惑っています。すなわち、Ａ氏は多弁で人あたりがよく、Ｂ氏は寡黙でじっくり型なのです。このような場合、法人はどう対応すべきでしょうか。

A

Point

1 調査官のタイプが違うとやりにくい…
2 多弁型だと気楽、寡黙型は苦手…
3 どちらのタイプが調査はきびしいか…
4 金額が大きいときびしくなるのか…

当面の対応

１　不安がある

本来法人は、この種の問題にあまり気をつかわないほうがよいと思います。しかしながら、当事者としては、税務調査であるだけに、法人側のうっかりした言動が原因で、結果的に多額の税務否認を受けることになるのではないかという不安があります。

２　多弁なＡ氏

ここで心配になるのは、多弁なＡ氏ではなく、寡黙なＢ氏のほうでしょう。

A氏の場合には、たとえば要求された証拠資料を提示すれば、ただちに「これならばオーケー」、あるいは「これは問題だよ」といった反応が得られて安心でき、ほかの方法はないか等の対策を考えることもでき、一応の結論が得られそうだからです。

3　寡黙なB氏

一方、寡黙なB氏の場合には、A氏のときと同様に証拠資料を提示しても一向に反応がなく、その時点においては税務処理が是か非かわからず、この中途半端な状態が続きますので、担当者ならびに法人側としては精神衛生上きわめてよくありません。

4　最終結果

上記A、Bの両調査官が行った税務調査の最終結果はどうなったでしょうか。以下、その特徴を検討してみます。

① A氏関係……貸倒償却と修繕費の否認

A氏は、多くの税務上の問題を指摘したものの、各個別にその場では理解を示していたのですが、とくに多額であった貸倒償却、修繕費については、法人の処理を絶対否認すると強く主張して譲りませんでした。しかしながらこの2件は調査中に資料を提示して、A氏も法人処理を理解し、一応了解していたので、社長にも「税務上認められました」との旨を報告しておいたところ、意外にも、最終的にすべて逆転してしまいました。

② B氏関係……とくに否認事項なく指導事項を

B氏は調査期間中ダンマリで通したのですが、その結果は意外にも否認事項はありませんでした。厳密にいうと、かなりラフな見積計算等を行っている個所があり、その点についても十分チェックを受けたのですが、最終結果は否認事項についてはすべてセーフとなりました。ただし、B氏より指導事項として残す旨の発言がありました。

今後の対応

1　小事であれば逆らわない

調査官の性格、法人側のメンバーとの相性により、また体調等により、税務判断に影響が及ぶことがないとはいえません。これは人間である以上、仕方がないことかもしれません。したがって、法人側としては、調査官をよく観察し、ひらたくいえば、機嫌が悪そうなときは「小事であれば逆らわない」ことを忘れてはなりません。

2　かわいい子は叱る

これも人間社会において広くみられる現象ですが、「かわいい子は叱るが、かわいくない子は叱らない」であり、現在では後者の例が多くなっています。

このことは税務調査においてもいえることかもしれません。かつて、調査官に叱られて法人側の担当者が謝るとその処理は認容され、逆に調査官が叱るような場面がないと税務否認されるという伝説がありましたが、これは現在でも若干生き残っているかもしれません。

3　多額の案件の場合

同じ税務処理であっても、金額が大きい場合には、チェックがきびしくなる傾向があり、したがって、多額の案件については慎重に処理する必要があります。

Q53 調査官の先入観

▶調査官の思い込みに配慮が必要

当法人は、かなり以前に同族会社から非同族会社になりましたが、現在税務調査に来ている調査官は、当法人が依然として同族会社であるとの先入観が強く、法人と同族関係者間取引を重視して調査を行っています。どう対応すべきでしょうか。

A

Point

1 調査官は当法人を現在でも同族会社と思い込み…
2 同族関係者、同族会社間の取引を入念に調査して…
3 法的立証、事実関係より先入観をくつがえすこと…
4 同族脱皮計画、実施傾向は今後も続行が必要…

当面の対応

1　形式的立証

税務調査の際に、取締役規程、諸権限規程等のほか、職制表、稟議制度等を提示して、当法人の運営がワンマンあるいは同族グループにより独善的に運営されていないことを形式的に立証し、調査官の先入観を是正します。

2　実質的立証

そのほか、同族関係者で法人が固まっているのではなく、事実上、役員、経営幹部に外部から人材が導入されており、実質的にも法人の運営が同族関係者だけで行われていない事実を立証します。また、会議の運営メンバー等も出席者はほとんど外部者であり、同族のトップは事後にそれを追認する程度とすることも一方法でしょう。

結論的にいえば、これらの事実により、調査官の誤った先入観を変えるのです。

3　税務上のデメリット

税務調査において、法人が先入観的に同族会社に認定されると、以下の税務上のデメリットが生じます。

①　特定同族会社

資本金１億円以上の同族会社は、税務上特定同族会社とされ、留保金に課税が行われます。ただし、資本金５億円以上の法人の100％グループ子会社については、たとえ資本金が１億円以下でも上記留保金の課税が行われます。したがって、業績がよく、資本金１億円以上の同族会社は、税務調査において単に課税所得の増加だけでなく、留保金の発生に併せて十分な注意を要します。

②　行為計算の否認

税務調査において調査対象となっている法人が同族会社となれば、調査官は同族関係者間の不当と認められる取引を否認して課税を行うことができますので、これは法人側の大きなデメリットとなります。

今後の対応

1　同族的な体質

同族会社は、「同族会社と同族関係者」、あるいは「同族関係者同士」の取引量および額が多いことが特徴の１つとされています。したがって、同族会社的な体質は、以下のような取引の有無、多寡等によって判断されるのです。

要　件	純同族的会社	非同族的会社
●役　員	→ 事業主	→ 他人またはファミリー
●従業員	→ ファミリー	→ 他人、友人
●事業所	→ 自宅	→ 事業所分離、賃借
●資　金	→ 自己資金	→ 他人資本、借入れ
●運　営	→ ワンマン	→ 合議制

上記は、同族会社が非同族会社に転化、発展していくに際しての発展要素の変化を簡単に示したものですが、税務調査に際しては、調査官からの多くの質問が行われます。その回答を行う際に、これらの法人の変化を併せて説明する必要があります。

そうすれば、調査官の、当法人が同族法人であるという先入観的な思い込みを解消することができるでしょう。

2　中小法人の特例

資本金１億円以下の同族会社は、上記のとおり留保金課税は行われませんので、資本金が１億円超で業績がよくかつ内部留保を厚くしたい法人は、積極的に減資を行って、各自法人の資本金を１億円以下とすることで税務上のメリットがあるでしょう。また、資本金５億円以上の100％グループ子会社については、留保金課税が行われますので、この場合には、親会社が減資をして資本金を５億円未満とするか、100％子会社株式を一部他人に譲渡することにより、留保金課税を避けることも１つの方法でしょう。

Q54 不機嫌な調査官

▶質問の意味を理解して答えよう

今月上旬より税務調査が始まっているのですが、どうもスムーズに進展しません。法人側は一生懸命調査に協力しているのですが、調査官側がイライラしているようです。その原因は何でしょうか。

A

Point

1 調査官の質問の真意がわからず、相互がイライラ…
2 調査がいたずらに長期化し、法人側はきわめて不利…
3 質問の意味がわからないときは、顧問税理士の力を…
4 最悪の結果にならないように、これだけは避けて…

当面の対応

1　長期化する回答例

税務調査の実施に関しては、調査官側から法人側に対して多くの質問が行われますが、その場合に、法人側が以下のような回答をしている限り、税務調査は一向に進展せず、いたずらに長期化するのみです。

①　単に口頭のみで回答していないか

税務調査は証拠資料によって事実を立証するのであり、口先だけの弁明だけでは役に立たないのです。

②　調査年度以外についての回答になっていないか

調査年度の税務処理や管理について質問しているのに、「現時点はすべて改善済み」と答えているため、進展しないのです。

③　貸倒処理が間違っていないか

回収が困難なだけの状況では貸倒処理は認められず、回収不能となって初めて、損金算入が認められるのです。

④　外部領収証に代えて支払伝票で代用していないか

支払伝票は内部メモに過ぎないので証拠力は低く、外部証憑である支払領収証でなければ通用しないのです。

⑤　コピーやファクシミリ等を証拠としていないか

最近のコピー機等の性能は著しく進化していますが、これを正規の領収証、請求書あるいは契約書等の代用とすることは認められないのです。

⑥　外部証憑書類にメモ的な記載をしていないか

外部証憑書類に手を加えることは、改ざんに通じるので、証拠力を失ってしまいます。

2　税理士に依頼

税務調査の進行に「ボタンの掛け違い」のような状況が生じてきたときには、顧問税理士に依頼して、まず調査官の要求する内容をよく理解したのち、それを法人側に伝えることも１つの解決方法でしょう。

今後の対応

1　早期の原因把握を

上記のとおり、法人が一生懸命調査に協力すればするほど、皮肉にも調査はさっぱり進展せず、いたずらに長期化し、また時にはそれが高じて両者の関係がぎくしゃくするときもあり、こうなると法人側は絶対的に不利になってしまうので、調査がスムーズにいかないときは、早めにその原因を把握し、危機を回避することに努力すべきでしょう。

2　話題の乖離

税務調査は、調査年度の法人課税所得の適否をチェックすることだけを目的としていますので、基本的にそれ以外のことには関知しないのです。しかしながら、課税所得の算定は、法人が計算した当期純利益をベースとしていますので、法人側がうっかり税務を離れた経営論、会計論等の話題を展開してしまう場合がありますが、これらの点は注意すべきでしょう。

Q55 調査期間の予定

▶調査終了の見通しは立つのか

税務調査が始まりましたが、調査官が社長と同郷であることがわかり、雑談が続いています。調査は今日から始まったのですが、いつ終わるのでしょうか。店は手狭のため調査期間内は閉めているので売上げが心配です。

A

Point

1. 主任調査官と社長の雑談が長すぎて…
2. 心証を害さずに調査を進めるための方法は…
3. 調査はいつ終わるのか売上減が心配で…
4. 調査期間は短いほうが得か長いほうが得か…

当面の対応

1 続く雑談

両者のトップ同士が楽しく雑談しているときに、それを遮ることはなかなかできることではありません。まして、税務調査の主任調査官の心証を悪くしてしまったら、調査は長びき、結果が悪くなってしまうかもしれません。

2 税理士の仲介

このような場合には、Q27（社長挨拶の効用）のように社長に対して急な来客をつくるほか、顧問税理士が中立の立場から、主任調査官に話しかけることも１つの方法です。主任調査官にとって顧問税理士は第三者であるため、法人が不利益をこうむることは少ないでしょう。

3　調査予定の伝達

主任調査官が法人案内のパンフレット、職制表、部門別試算表、人員配置図等により、税務調査予定の事業所別日程を示せば、管理部はこれを一表化して、各事業所に伝達します。

4　予定と実際の差異

税務調査ほど予定と実際が異なる作業も少ないでしょう。すなわち、規模が大きく複雑な会計処理を必要とする法人に多くの日数・人員を予定しても、現実に調査してみると意外ときちんとできていて、税務的にもまったく問題がないケースがあります。

また反対に、小規模な法人にもかかわらず、取引の会計・税務処理が複雑怪奇であり、思わぬ多くの日数・人員を要する場合もあります。

5　税務処理と日数

一般的に、会計・税務処理が良好の法人は、調査期間が予定より短くなって早く終了します。一方、不良である場合には、予定より長くなります。さらに時間がかかるときは、たとえば税務調査の締切月である６月に決済ができなければ、７月に新しい調査官に引き継がれて見直されることもあります。

今後の対応

1　ビジネス上の必要事項

最近は、法人側も、税務調査は税負担というコストにかかるビジネス上の必要事項との認識が強くなっています。したがって、可能ならば、税務調査をなるべく早く終わらせて、本来の仕事をしたいと考えています。

2　調査期間

税務調査の期間は、法人側からすれば短いほうが望ましいことは当然ですが、税負担の面からはどうでしょうか。以下で検討してみましょう。

① 調査期間がきわめて短い場合

税務調査をとにかく早く終わらせたいあまり、調査官が示した否認事項をそのまま受け入れたときは、その中に調査官の誤認が含まれている場合、税負担が多くなってしまいます。

② 調査期間がきわめて長い場合

調査期間が長期化した場合には、法人側、税務当局側がともに疲れて妥協する力を失ってしまうことがあり得ます。当局側はタイムリミットにより一応否認しますので、とりあえずの税負担が多くなります。もちろん、不当に否認された事項については異議を申し立て、審査請求等の救済制度がありますが、非常に時間がかかり、かつそのすべてが認容される保証もありません。

③ 調査期間が適度な場合

税務調査の結果、法人側が計算ミス、記帳ミス、解釈ミスを潔く認め、主張すべきことは堂々と主張した場合には、通常、税負担は適正な額になるでしょう。なお、これらについては、顧問税理士と相談しながら進めるべきでしょう。

Q56 調査時の食事

▶昼どきに食事を用意したほうがよいか

本日から３日間、税務調査が行われるとのことであり、先ほど午前の部が終わりました。顧問税理士に「お寿司でもとりましょうか」と相談したところ、「いや、調査官は辞退されるでしょう」とのことでした。なぜでしょうか。

A

Point

1 昼どきになったので食事を勧めたが辞退された…
2 辞退されたのは当法人が脱税を疑われているからか…
3 税務調査はベタベタせずクールに進めるべき…
4 食事にかかる税法上のルールが決められている…

当面の対応

１　食事は辞退

調査官が２人で来社して、その初日の昼どきに、寿司を出そうとしたところ、固く辞退されたケースです。

２　供与理由

法人側からすれば、以下の理由により、昼食を提供することは妥当であると考えると思われます。

①　調査時間（調査時間が食事のためにカットされてしまうこと）

たとえば、税務調査の実施場所が郊外で、食事をするためには駅前のレストランまで行かなくてはならず、往復時間が少なくとも30分は要するような場合、貴重な調査時間をいたずらに消費することは、調査が早く終わることを考えれば無駄と考えて、法人の好意（出前をとることによる時間節約）は、ぜひとも受けるべきと考えます。

② 支出金額（調査官に提供する出前の食事代は限られていること）

たとえば丼物であれば1,000円程度、寿司でもせいぜい2,000円程度でしょうか。この範囲であれば、税法が認める食事代の１人１回5,000円以内の基準より低いので、問題はないはずです。

③ 緊張緩和（一緒に食事をすれば雰囲気がなごやかになること）

税務調査は法人側にとって緊張感が伴うものです。「同じ釜の飯を食う」わけではありませんが、せめて昼食を調査官、顧問税理士と一緒にとれば、法人側はストレスの緩和になることでしょう。

今後の対応

1 税は必要コスト

最近は、調査官側もドライ、ある意味では合理的になっていて、心情的にベタベタせず、税務調査もクールでビジネスライクに行われるようになって来ており、その意味では、きわめて望ましいことと考えられます。

すなわち、税金は「取られる」ものではなく、法人経営上必要なコストと考えて、法人が利益を挙げれば納税は当然の原価であると認識できれば、とくに税痛はないといえるでしょう。

2 疑心暗鬼

しかしながら、高齢の経営者の中には、上記のようなコスト意識をもつことができず、たとえば昼食を勧めたのに断られると、「それは調査官が脱税を疑っているせいだ」といった意識に囚われてしまう人もいるようです。このような意識は長年をかけてつくられたものですので、なかなか切り替えることが難しいと思います。

3　税務調査のルール

このような場合には、顧問税理士が「調査官は脱税を疑っているわけではなく、税務調査のルールとして、食事を辞退することが決められているのです」と説明すれば、落ち着くことになるでしょう。このルールはかなり以前から定着していますので、今後はますます常態化するものと考えます。

Q57 世間話の功罪

▶税務調査中の世間話は控えるべきか

税務調査は大変疲れる仕事です。手書き数字ならまだしも、コンピュータの文字は目にかなり負担になります。また、調査の立会人も過度の緊張で疲れます。これらを救うのが世間話であり、息抜きの雑談と思っているのですが、これは控えるべきでしょうか。

A

Point

1 税務調査は行う側も受ける側も疲れる仕事…
2 適当な合間を見つけて雑談などしないと…
3 法人側は過去の税務調査の話をしたがるが…
4 税務当局と法人はなるべく対立を避けたい…

当面の対応

1　調査疲れ

税務調査は、行うほうも受けるほうもかなり大変な仕事です。行うほうは初めて法人を訪問し、そこでただちに法人の実態を把握し、かつ課税所得の適否をチェックし、間違いがあれば具体的に計算するのですから、慣れないうちはかなり疲労し、かつ慣れても疲れは容易には抜けないものです。

2　立会疲れ

一方、法人側（受けるほう）のスタッフは、初対面のプロフェッショナルからいきなり会計帳簿、資料等の提出を要求され、かつ社長や顧問税理士等の目前で、自分で行った計算、処理の適正性の確認、時には批判が行われるのですから疲れるはずです。

3　ほっとひと息

調査開始直後の緊張感のある時間帯がすぎれば、ひと息つく時間帯に入ります。調査官との相性が合致したときなどは、ほっとして世間話などが始まることもあります。これはリラックスのためにむしろ必要なことといえましょう。

4　意思の疎通

世間話が長びくのは、調査官と法人に共通の話題がある場合が多く、逆に、両者の意思の疎通を欠くと、うまく運営されなくなり、税務行政上、望ましいことではありません。税務は会計と異なり、相互の意思が疎通しないと、うまくいかないという特性があるので注意を要します。

今後の対応

1　デメリットは

上記の内容は、調査官と法人管理者間の対話のメリットでしたが、以下に、注意すべきデメリットを示します。

①　自慢話

最も望ましくない話題は、過去に税務調査がうまくいったという自慢話です。心配していた税務調査が意外と順調に終わりそうなので、うれしさのあまり、得意になってしゃべりまくることが多いのです。

②　壁に耳あり

税務調査がうまくいった話を外でしゃべることは、「壁に耳あり」ですので注意が必要です。業界等の懇親会、レストラン、電車・バス等、人が多数集まる場所で放言するということは、ある意味、企業の秘密を漏洩していることになることを忘れてはいけません。

2　税務は企業秘密

ここで注意すべきことは、会計のディスクロージャーは当然すべてをオープンにすべきですが、税務関係については、税は「ナマモノ」ですので、企業秘密として扱っていただきたいのです。

Q58 社内批判の発言

▶部長が社長批判の発言をしたが

現在、税務調査の最中ですが、調査官が「この決算はひどい。粉飾と脱税が両棲していますね」と言ったところ、部長が「社長がワンマンのため、対外的な影響を考慮して、この決算を強行したのです。社長の性格には困っています」と発言してしまいました。調査結果に影響するでしょうか。

A

Point

1 税務調査で身内を強く批判することは…
2 税務調査の目的は課税所得の適否なので…
3 批判話から税務否認の種がつかまれる…
4 社内バトルに税務調査を利用することは…

当面の対応

1　責任転嫁

税務調査において何か問題のあることが発見されると、スタッフの中には責任転嫁を考え、調査官に対し、その問題は自分のミスではないことを強調する場合があります。そのミスや不当処理によって、多大な税負担を強いられる結果になるかもしれないからです。

2　当局の関心

しかしながら、調査官は、そのミス処理等が誰によって行われたかについてはとくに関心がなく、法人の調査対象年度の課税所得の適否さえ把握できれば十分なのです。したがって、法人側が責任転嫁にあくせくしていても、調査官はさっぱり興味を示さないでしょう。

3　裏づけ調査

もっとも、社長の公私混同が著しい等の事実を調査官が把握し、これについて同族会社の行為計算否認の規定により課税を行う場合には、社長の行動の詳細な裏づけ証拠を調査することになります。

4　不正行為の事例

社長のほか、役員、従業員が不正行為を行い、それにより発生したロスを全額損金処理していた場合には、その損金処理が妥当か否かのチェックが行われます。

たとえば、社長の話によれば、前部長が商品の抜取りを行って、その処分代金で豪遊したとのことです。社長はさんざん前部長の悪口を言ったあと、法人はその全額を損金に計上したため、当該調査年度は損益ゼロ決算を行ったとのことでした。しかしその後、前部長は使い込みロスの３分の１を法人に弁済していることがわかり、ここで法人の全額損金処理は、弁済金相当額が税務否認されることになりました。

今後の対応

1　全社員が一丸となる

法人内の職制ポストは上にいけばいくほど少なくなり、往年の同僚はライバルになります。このため、中小法人においても「閥」が存在し、水面下の闘いが行われているケースが多いのですが、税務調査に際して、対立する相手方のミスが発見された場合、ここぞとばかりに社内バトルが激しくなるようでは、税務調査がうまくいくわけはありません。

税務調査に際しては、全社員が一丸となるべきであり、仲間割れの状態で足の引っ張り合いをするようでは、税務交渉をしてもうまくいくはずがありません。

2　調査に便乗

税務調査は、その法人の特定年度の課税所得の適否についてのチェックを目的として行われるものであり、社内の派閥戦争に火をつけるものではありません。法人は、税務調査を巻き込んで自己閥の力を強める策を弄することがありますが、これは邪道であり、調査官にとっては仕事の邪魔となり、マイナスになるだけで、迷惑以外の何ものでもありません。

Q59 守秘義務の範囲

▶ロッカーの中にはプライバシーが

今回の税務調査は、「現況調査」と称して、調査官２名が法人の事務所を調べたほか、社長のロッカーから書類を全部出して、点検しています。ロッカーに入っているのは、社長の個人的な書類などなのですが、この場合、プライバシーはどうなりますか。

A

Point

1. 現況調査は査察のようにきびしく行われる…
2. 調査はロッカーに入れた私物にまで及ぶ…
3. 調査権限はどこまで使ってよいのか…
4. 私物は法人内に置かず、公私の分離を明確に…

当面の対応

1　現況調査

現況調査は、税務調査のうちの強制調査の１つであり、認められた調査方法です。法人の課税所得の適否をチェックするためには、強制的な手段を用いることも許されており、これは世界各国共通です。

2　調査権限

したがって、現況調査という調査方法は、査察ほどきびしい調査ではありませんが、裁判所の令状があれば、どのような調査も可能となる、きわめて大きな権限が与えられています。

すなわち、脱税等に関する調査権はきわめて大きく、かつスピーディーに実行できる点が特徴とされています。

3　プライバシー

しかしながら、脱税の疑いがあるために予告なしに法人の事業所に乗り込んで、課税所得の適否をチェックする場合、同時に業務上知り得た個人の秘密(プライバシー)は守秘すべきであり、このことは、税務調査に限らず、どの職業、どの職種についても同様のことがいえるでしょう。

4　守秘義務

税務調査の場合のプライバシーとは、たとえば社長がライバル法人の社長と個人的に接触して合併の打合せをしていること、あるいは専務に隠し子がいること等なのですが、これらは税務調査には何の関係もない事項ですから、内容を守秘する義務があるのです。

5　ウラ金発覚

現況調査の結果、発見された事項、たとえば法人のウラ預金、社長ファミリーの名義預金等は、法人の課税所得に直結しますので、調査終了時点において即修正申告を行います。もっとも、発見された預金等がきわめて不当な方法で設定され、かつ多額である場合には、更正決定が行われ、かつ重加算税が課税されることもあります。

今後の対応

1　法人と個人の分離

税務調査の際に、同時に明らかになる個人のプライバシーを守るには、どうすべきでしょうか。最も簡単な方法は、プライバシーに関する書類等を社内に置かないことです。

2　資格を失う

プライバシーを守ることは、現在、一般的に行きわたっており、これに違反すれば社会的制裁を受けることになります。現に医者、弁護士、会計士、税理士等の世界において、これを無視した場合には、資格者としての生命を失うことになりかねません。したがって、現況調査の際に知り得た、税務調査に関係しないプライバシー情報が口外されることはありません。このことは、筆者の経験においても、自信をもってその安全性を表明することができます。

Q60 関連資料の調査

▶カレンダーや手帳等が決め手になる場合も

現在、税務調査を受けていますが、調査官は帳簿より事務所のカレンダー、社長や部長等の管理者所有の手帳、机上メモ、電話帳、携帯電話等をチェックしています。何を調べているか気になります。このような調査方法は有効なのでしょうか。

A

Point

1 会計処理に直結する関連資料からヒントが…
2 関連資料から簿外処理発見の可能性がある…
3 元気な法人ほど外部からの関連資料が多い…
4 税務調査のトラブル回避のための管理を…

当面の対応

1　帳簿を離れる

税務調査は帳簿の中ばかり調べていても、法人の課税所得の実態はつかめません。したがって、時には帳簿記録を離れて、別の視点からの調査を行うことで、税務上の問題点を発見することがあります。

2　関連資料

たとえば、以下のような関連資料から、裏取引の有無を把握します。

①　カレンダー等

事務所等になにげなく掛けてあるカレンダーが、もし法人の決算書に計上されていない銀行、取引先等であれば、その簿外処理の可能性が考えられます。これは時に大きな問題となる可能性があります。

② 手帳・メモ

社長、部長等の手帳に、決算書に記載されていない取引先、住所、電話番号等があれば、裏取引先かもしれません。この場合の手帳等の記載内容は、意外に不正確で、とくに決め手にはなりません。

③ 携帯電話

最近は紙ベースの電話帳は少なくなり、受話器本体に情報がインプットされている場合、あるいは携帯電話にインプットされている場合には、そこに裏取引の情報がある可能性が考えられます。

④ 使用済容器

工場の裏に積んであるカラの段ボールや使用済みの容器等に記載されている納入業者名が、法人の取引先に計上されていないときは、裏取引の可能性が推測されます。

これらの関連資料を丹念に拾い上げて決算書と突合した結果、裏取引、裏処理が発覚することがあるのです。

今後の対応

1 資料の管理を

上記のような調査の手法を用いた結果、決算書に計上されていない取引先の名前が出現した場合は、裏取引先と誤解されるケースがあります。したがって、それを避けるためには、資料の区分管理を十分に行い、税務調査に際してトラブルが生じないよう注意すべきです。

2　熱心な法人

法人は、常に採算を考えて動いていますので、熱心な法人ほど、多くの業者から素材やノウハウを積極的に集めて、分析・検討するケースが増えることでしょう。これらの資料の管理には、十分注意すべきです。

3　景気回復

ここ２～３年は、不況のため一般的に法人は売上除外どころではなく、逆に仕入除外である粉飾的傾向がありました。しかしながらごく最近は、一部の業界において景気回復の兆しが感じられるようなり、したがって、今後は過去のマイナス消去のために売上漏れ等が発生する可能性が生じてきましたので、注意を要します。

Q61 直接確認の調査

▶調査官に直接質問された場合は

今回の税務調査は、証拠資料を時間をかけて丹念にチェックするやり方とは異なり、役員や使用人に対して直接、持株数や給与等を確認するやり方で行われています。この場合、うっかり間違って答えると、大変なことになるのでしょうか。

A

Point

1 帳簿確認に代えて当事者に直接確認を…
2 うっかり答えたことが大きな税負担に…
3 個人・法人ともに収支・財産等の確認を…
4 仮装処理は大きな税務問題となる…

当面の対応

1 予告なしの質問

人間は誰でも不意打ちに弱く、突然質問を受けると、混乱してしまうものです。とくに税務調査の場合には、緊張していますので、予告なしの鋭い質問については、あわてて間違って答えてしまうこともあるでしょう。

2 持株数の事例

上記のように、うっかり答えてしまい、税務否認になってしまうケースを、自社株の持株数の事例により、以下に示してみます。

①　事例……持株数の直接確認による株数増加と税務否認

- 使用人兼務役員である未払使用人分給与の税務否認（５％以上保有）
- 特定同族会社化による留保所得の税務否認（同族会社化）

②　流れ

取締役経理部長である社長の長男は、自己の持株の一部を友人名義としていましたが、これが調査官の直接の確認により聞き出されて否認され、使用人兼務の使用人分未払使用人賞与が否認されたほか、法人も特定同族会社となって、留保金課税を受ける結果となりました。

すなわち、社長の長男は、税務調査官から不意に自社株持株数の確認を受け、申告株数に名義借所有株数を加えた総株数を自身の株式保有数と申し述べてしまいました。その税務否認が行われる具体的な内容は以下のとおりです。

(a)　未払賞与の否認

同族会社判定の株主グループに属し、かつ持株数５％以上所有である者は使用人兼務役員になれないため、未払使用人分賞与の損金処理は税務否認の対象となります。

(b)　持株割合の否認

大株主３グループの持株割合は、申告ベースでは20％だったのですが、調査の結果、シェアは55％となったため、法人は税務上の特定同族会社となり、留保所得が課税される結果となりました。

今後の対応

1　数値の把握

個人、法人を問わず、自己の収支、財産、債務等の数値を把握しておく必要があります。このことは、とくに法人の経営者にとっては必要なことです。さらに、法人と連結している自社株、給与、対法人との収支等についても正確に把握しておく必要があります。

2　信用失墜

税務調査の際に調査官に急に質問を受けたからといって、パニックに陥り、間違った数値を答えてしまうようでは、調査官に対してのみならず、法人の内外に対して、信用を大きく失う結果となるでしょう。

3　仮装処理

最近は、この種の名義借りは、前記の株式のほか、利益配当、給与、退職給与、リース料等において行われてきており、現在は不況によりかなり減ってきたとはいえ、依然として相続税増税化の対策等として利用されている例が見受けられます。この種の処理は、あくまで意識的な仮装処理ですから、その課税処分には重加算税が伴うことになるでしょう。

Q62 専門家への依頼

▶税理士・弁護士など専門家の意見を聞く

現在、税務調査を受けており、調査対象の年度に、当法人は80％子会社を吸収合併しました。被合併会社である子会社に資産の含み益があるものの、合併は帳簿価額で受け入れました。しかし、調査官は時価にて受け入れるべきとの意見です。どうすべきでしょうか。

A

Point

1 調査官の質問が専門的な内容であるため…
2 適格合併の適用要件の説明が難しくて…
3 調査官と税理士、プロ同士で難解な事項を解決…
4 法人と税理士が心すべきはどのようなことか…

当面の対応

1　返答に窮する

調査対象の年度に、法人は子会社を吸収合併しています。その合併処理は、当法人顧問の税理士の指導のもとに行われており、経理スタッフは税理士の必要な数値を提供しただけにすぎません。したがって、調査官の意見に対し、返答に窮しているのです。

2　プロに依頼

このように、税務調査では、専門の領域に入ると、社内の経理スタッフでは説明できず、たとえば顧問税理士に依頼して、調査官に対して専門的な説明をしてもらうほうが解決が早いでしょう。

3 説明事例

顧問税理士は、この合併は以下の税法要件にすべて適合しているので、税法に定める適格合併に該当する旨を調査官に説明しました。

【適格要件】

要件		内容
①株式所有割合	➡	●持株率は80%であり、50%超～100%未満に該当すること
②被合併会社の主要な資産、負債の引継ぎ	➡	●被合併会社の主要な資産、負債が合併会社に引き継がれていること
③被合併会社よりの引継事業に従事する者の割合	➡	●被合併会社よりのおおむね80%以上の者が、合併会社の引継事業に引き続き従事すること
④被合併会社よりの受入事業の継続見込み	➡	●合併会社は被合併会社からの引継事業を引き続き営むことが見込まれていること

4 プロの説明

上記説明の結果、調査官はこの合併は税法の定める適格合併の適用があるとして、法人の処理を認容しました。税理士というプロフェッショナルの助力によって、一気に解決したのです。

今後の対応

税務調査に関するコンサルティングは税理士により行われますが、このとき注意すべき点を、以下に挙げておきましょう。

① 丸投げ

法人の中には、顧問税理士に税務業務のいっさいを任せてしまう場合もあるようですが、そうではなく、税理士の発言はあくまでアドバイスにとどめ、最終的な判断は法人が決定すべきです。

② 中立的立場

顧問税理士は、本来、法人である納税者と税務当局の中立的な立場に立ち、助言をし、かつ行動すべき存在であるはずです。しかしながら現実は、税理士は法人から顧問料を得ている関係上、若干法人寄りの態度となることが多く、ある程度はやむを得ないのでしょうが、法人にべったり、さらには法人と組んで脱税等の不法行為をおかすようになる場合がないとはいえません。

③ 業務分担

法人と税理士は業務分担を明確にし、どこまでが法人が行い、どこからが税理士が行うかを明らかにしておく必要があります。この区分について、できれば業務契約書等に明記しておくべきでしょう。

Q63 事前確認の方法

▶判断が難しく多額の案件には事前確認を

当法人は研究開発法人であり、新製品開発を業としています。現在、税務調査中なのですが、多くの研究プロジェクトの研究費は多額であり、原価算入と税額控除が税務調査上トラブルとなっており、これが認められるかどうか微妙です。どうすべきでしょうか。

A

Point

1 税額控除の際の試験研究費の範囲が不明で…

2 研究費の範囲についての双方の意見が平行線…

3 税務調査のトラブルと長期化はなるべく避ける…

4 確認は口頭だけでなく、できれば文書で…

当面の対応

1　試験研究費

税務上、試験研究費が問題となるのは、以下の諸点と考えられます。法人はこれを事前に検討しておきましょう。

①　原価算入

試験研究費には以下の３種類があります。したがって、税務上、法人が支出した試験研究費はどれに該当し、かつ処理が妥当であったかどうかを再検します。

(a)　基礎研究費

(b)　応用研究費

(c)　工業化研究費

上記の試験研究費のうち、(a)と(b)は製品原価に算入しないことができる研究費であり、(c)は製品原価算入を強制される研究費です。

②　税額控除

試験研究費の税額控除には次の３つがあり、したがって、法人が支出した研究費はどれに該当するのかを再検します。

(a)　総額型（中小法人型）

(b)　増加型

(c)　高水準型

2　トラブル

税額控除の対象となる試験研究費の区分については、税務調査においてトラブルが生じ、法人が税額控除の対象とした研究費が否認されて、申告した税額控除額が減額されるケースが多く、またこのために異議申立ても多くなっています。

3　調査の長期化

試験研究費がその他の経費を区分することは、厳密にはその事業に直接関与している専門の技術者でない限り、判別がつきにくい特性があり、このため、調査官側と法人側の意見が折り合わず、結論を出すまでに調査期間が長期化することがあるのです。

今後の対応

1　事前確認

試験研究費とその他経費区分のトラブル排除のために、申告前に法人は税務当局にこの区分のテーマを持ち込み、法人の意見を述べて、税務当局により税務調査以前においてすでに研究費の税務調査は法人の要請により確定することも１つの方法です。

2　調査時間の短縮

したがって、上記にかかる年度が調査対象となった場合には、前記のとおり、本件の調査は十分な時間をかけたのちにすでに終了していますので、これにより調査期間を大幅に短縮することができるのです。

3　事前確認の種類

このように、税務処理の判断が困難で、しかもそれが多額の場合には、税務調査のトラブルならびに調査期間長期化を回避する方法として、ぜひともこの事前確認の方法を活用したいところです。

なお、これには以下のような種類があります。

①　口頭確認

税務署、国税局等の審理担当税務相談所、テレフォンサービス等の意見を求め、さらに確認を行います。なお、この場合、相談日、担当官の氏名、相談内容、結論等をメモしておきます。この確認を顧問税理士に依頼する場合がありますが、時には明確な確認ができない場合もあります。

②　文書確認

法人が文書により質問し､税務当局の文書による確認を求める方法です。これは方法的には望ましいのですが、確認が遅れ、申告期限に間に合わない場合がありますので、早目に確認を行う必要があります。

Q64 帳簿紛失の対応

▶外注台帳等をうっかり紛失したときは

現在、税務調査が行われており、調査官より外注台帳を見たい旨の要求がありましたので探したのですが、３年間のうち２年目の外注台帳が見つからず、途方に暮れています。どうしたらよいのでしょうか。

A

Point

1. 外注業務のウエイトの高い法人が外注台帳を紛失…
2. 紛失したときの状況はどのようなものであったか…
3. 過失かそれとも故意に行われたことなのか…
4. 税務調査は代替手続により切り抜けられるか…

当面の対応

1　帳簿を紛失

税務調査において、調査官より帳簿の提出を求められ、要求された帳簿が不明となっている場合には、税務当局側に対し、①その帳簿が失われた事情、②過失か故意のどちらか、③いつの時点か、等を明らかにすべきです。

2　紛失した状況

思い出してみますと、紛失した時期は、昨年４月の事務所移転のときと推定されます。見つからない２年目の帳簿の整理は、人手不足のためアルバイト社員が行い、廃棄すべき書類と同一梱包にしたような記憶があります。

3　代替手続

１年目、３年目の外注台帳はすべて調査官に提示し、２年目はやむを得ず調査官の指摘した外注業者の年間収入・回収額と、同じく当法人の年間受入・支払額とを関係証憑書類により突合した結果、一致したため、とくに問題はありませんでした。

ただし、元帳に記載されていた外国人労務者のアルバイト代は領収証もなく、また源泉所得税の徴収もできなかったので、その関係の外注費処理額が損金否認となりました。

4　法人の損失

最近は、業種によっては景気の回復がみられ、外貨相場も激しく変動しています。外注業務のウエイトが大きい業界については、海外を含めて考えれば、原価のうちに占める外注費の割合がきわめて大きいことになります。したがって、これは年次的な為替変動等を含めて大きな問題であり、このような大きな分析対象データをうっかり失ってしまうことは、法人にとって、税負担以上の大きな痛手となるでしょう。

今後の対応

1　規程を適用

法人は、会計帳簿等の重要文書につき、文書保存規程等を適用して、重要文書の管理を行い、必要なときに必要な文書をただちに取り出せるようなシステムを構築し、かつそれを収用する施設を設けることが望ましいのです。このようにすれば、上記で生じたような帳簿紛失を防ぐことができます。

2　紛失か隠ぺいか

法人が帳簿を紛失することはきわめて重大事であり、これを安易に考えてはなりません。ひと口に紛失といっても、文字どおりの紛失なのか、それとも不正行為を隠ぺいするための策略なのか、調査をする側は徹底的に調べることになります。もしこれが、外注費勘定を利用した不正な支出金等であることが判明すれば、社会的な大問題になることでしょう。

3　青色取消し

外注台帳のような重要な会計帳簿を紛失したとなれば、当法人が青色申告法人であれば、まず青色申告が取り消されるかという問題が生じます。青色取消し自体は、単に税務上の問題にすぎませんが、それに伴い法人の事業に関する信用力が大きく沈下し、大きなデメリットになるでしょう。

Q65 社長不在の調査
――社長があいにくゴルフで不在の場合は

当法人の社長は、業界団体の会長を務めており、その組合が年１回、懇親ゴルフ大会を行っています。ところが税務署から連絡があり、その大会開催当日に税務調査の申入れがありました。断ると、調査官の心証を害することになるのでしょうか。

A

Point

1. 経理スタッフは若手ばかりで心細い…
2. 顧問税理士に税務対応の委任を行う…
3. 今後に備えて後進の育成に力を注ぐ…
4. 企業体質を個人型から組織型に転換…

当面の対応

1　欠席できない

当法人は、社長がエネルギッシュに動いて設立した法人であり、社長がいなくては、税務当局から質問されても他の者ではほとんど答えることができません。社長がゴルフ大会を欠席すればよいのですが、業界団体の会長であり、かつ大会の主催者でもある関係上、今回ばかりは欠席できないのです。

2　税理士に依頼

このような場合には、顧問税理士に立会を依頼して、とにかく税務当局側の質問を受け取ってもらうことも１つの方法と考え、税理士に委任について相談したところ、承諾を得ることができました。

3　委任の要件

この場合の委任内容の要件を示せば、以下のとおりです。

①　帳票書類……調査官が請求した帳票は、ただちに、かつすべてを引き渡すこと。なお、この帳票には諸契約書等も含まれること。また帳票等の内容についての質問に対する回答はその場では行わず、社長が直接調査官に回答すること

②　税務書類……納税申告書ならびにその記載数値の計算資料等については、顧問税理士が直接回答等すること

4　社長が回答

社長はゴルフ大会の翌日出社して調査官の質問に回答し、その大部分は解消したのですが、１点だけ、ホテルの部屋を借りて幹部会を開催した際の食事代が多額であった点が問題となり、これは税務上交際費等に該当する旨の指摘があり、それについて修正申告を済ませました。

今後の対応

1　後進の育成

社長はヤリ手の営業マン出身ですが、いつまでも営業部門、管理部門を一手に掌握するのではなく、管理等を任せることができる後進を育成するなどして、みずからは営業拡大に専念すること等も１つの方法でしょう。

2　今後に備えて

事業が進展して業績がアップすれば、当然、税務調査はきびしく行われます

ので、それに備えて、調査をおそれずに対応できる、若手の経理スタッフを育成することが望ましいでしょう。顧問税理士は税務の専門知識を有しており、法人を支援することは当然のことですが、その基本はあくまで法人決算の信頼性なのです。

3　企業体質の転換を

当法人のように、業績が順調で社長が第一線でバリバリ働いているようなケースについては、現時点において、企業体質を個人型から組織型に転換しておくことが望ましく、それが達成できれば、取引先や銀行、そして税務当局との信頼関係が厚くなります。これは法人にとって大きなプラスとなりましょう。

Q66 回答未済の調査

▶責任者が不在で質問に答えられない

先週の月曜日から税務調査を受けています。社長の挨拶が終わった頃、大阪支店から社長あてに電話が入り、最大得意先が倒産したというのです。社長と管理部長が現地に急行してしまったため、若手の経理スタッフだけになってしまいました。調査の対応はだいじょうぶでしょうか。

A

Point

1 税務調査の際に責任者が不在だと…
2 若手の経理スタッフが説明したが…
3 法人の決算・税務処理の説明は満足にできず…
4 回答できないときの税務当局の判断は…

当面の対応

1　責任者不在

上記の税務調査は、法人側の突発的な事情により、社長、管理部長等が不在のまま一応終了しました。

2　単純ミス

税務調査の結果、経理スタッフは、単純な計算ミス、すなわち棚卸資産の集計、原価差額の調整、減価償却計算ミス等については、すべて修正申告の対象とすることを経営責任者に報告する予定です。

3　保留事項

ただし、以下のような内容については、経理スタッフだけでは判断できないため、是否認の決定は責任者の帰社を待つこととなりました。ペンディングの内容は以下のとおりです。

①　修繕費等……調査年度は工場建家、機械装置に多額の修繕費を支出しましたが、その資本的支出と修繕費の区分の根拠は…

②　貸倒償却……調査年度は３件の貸倒償却を行いましたが、そのうちの１件は不渡手形の発生にとどまっているので、その根拠は…

③　使途不明……社長仮払金が3,000万円あり、その使途が不明であること、ならびに支出後２年が経過しているので利子認定の是非は…

4　修正申告

社長と管理部長は帰社後、担当税理士と協議し、上記①②については法人として主張すべき点は主張し、また③は税務当局の意見も受け入れて、修正案を設定して当局と協議したところ、認容されたので、それに従って修正申告を行いました。

今後の対応

1　調査の対応

今回の税務調査は、突発的な事情により、対応が経理部の若手スタッフだけという状態でした。すなわち、調査官が取引の内容について質問しても、スタッフはそれに関与していないことが多いので、その答えは「わかりません」「知りません」にならざるを得ませんでした。

2　回答未済

税務調査の質問に対し、法人側が事実を隠すことは論外ですが、本当にわからなかったり、知らなかったために回答未済のまま調査が終わった場合はどうなるのでしょうか。

結論をいえば、調査官が質問しても回答がない場合には、原則的にその取引等は税務否認されるのです。よく税務調査の対策談で、「私がわからないのですから、税務署もわかりませんよ」等の発言がありますが、この種の回答の場合には、税務否認されているのです。

3　暫定否認

税務調査はこのように行われますので、調査官が要求した証拠資料を提示しなかった場合、あるいは必要な証人が同席しなかった場合等も、同様に否認されることになるので注意が必要です。

Q67 調査結果の告知

▶若い調査官は「上司と相談して」と言うが

当法人は家電商品の小売店です。先日、税務署から上席と若い調査官が来社し、税務調査が始まりました。2日目以降は若い調査官だけなので「昨日、問題となった修繕費は、損金になりますか」と聞いたところ、「上司と相談して」と言ったまま、調査終了の今日まで、回答がありません。いつ回答がいただけるのでしょうか。

A

Point

1 調査官は上席と若手であるが、むしろ若手がメイン…

2 若手調査官は真面目だが、個人的意見の表明がない…

3 是否認の回答がいつまでもないと不安で…

4「便りがないのはよい便り」と解してよいか…

当面の対応

1 若手調査官

税務調査に、経験の浅い若い調査官が来ることがあります。上司である上官と２人で来社することが多いようです。

2 上司の場合

たとえば、上記の質問において挙げられているように、多額の修繕費の損金経理が目に止まってピックアップされたときに、経験豊かな上官であれば、以下のような問答になることでしょう。

調査官　正面玄関入口の塗装費80万円は多額ですね。

↓

法人側　この支出金は税務上否認されるでしょうか。

↓

調査官　税務上、資本的支出と修繕費との区分が不明の場合には、支出額が60万円未満であれば損金に認容されますが、本件は少々多いですね。

↓

法人側　事務所があるこの場所は、人通りが多い通りなので、２年間に１回程度は塗り替えていますけれど…。

↓

調査官　そのように循環的に発生する費用であれば、損金として認められる余地があると思いますよ。よく担当者にご説明ください。

↓

法人側　どうもありがとうございました。

3　若手の傾向

これが若手調査官の場合には、法人側がその是否認について探りを入れても、上官のように意見を述べることは少なく、「上司と相談して」とさらりとかわされてしまう傾向が強いのです。すなわち、若手調査官はその真面目さがゆえに、法人側ならびに顧問税理士にとって手ごわい相手ともいえるのです。法人側は、この傾向を十二分に知るべきでしょう。

今後の対応

1　案件の性格による

税務調査があり、その結果について税務当局から何の反応もない場合、法人側としては不安の状態が続きます。この場合、法人側が当局に税務調査の結果を積極的に確認すべきかどうか、迷うことがあります。これは、その案件の性格に応じて判断すべききわめてデリケートな問題といえましょう。

2　調査結果の原則

ここで、税務調査の結果についての原則を考えてみましょう。すなわち、まず税務調査がなければ当然否認事項は生じるはずはないことが前提となります。これを逆にいえば、申告が適正であれば、税務当局はとくにタッチする必要がないのです。したがって、法人が当局に対して処理等の是否に関して質問をし、回答がない場合には、そのまま認容されたものと解すべきでしょう。

3　是認通知

かつては税務調査の結果、是認であれば、税務当局は法人に対して是認通知を出していたのですが、これはかなり以前に廃止となりました。しかしこの制度は、平成23年度税制改正案では復活しています（**Q97**～**Q99**参照）。

Q68 女性調査官の調査

▶女性調査官による税務調査の時代

前回の税務調査が行われてから３年が経過していますが、今回は、年輩の男性調査官と20代の女性調査官が来社して、調査を行うことになったようです。当法人では女性の調査官は初めてですが、勝手がわからず、うまく対応できるか不安です。

A

Point

1 女性調査官による調査の特徴とは何か…
2 調書をしっかり作成し、そのあと質問…
3 法人の女性スタッフと意思疎通できる…
4 女性相手の調査において能力を発揮する…

当面の対応

1　調書をしっかり作成

税務調査を行う調査官が男性でも女性でも区別はないはずですが、それでも若干トーンが違います。

具体的には、女性の場合はあまり対話をせずに調書を作成し、問題点を把握したあとに質問をしてくる場合が多いのではないでしょうか。調査の過程で問題点が次々に出てきたときには、その中のいくつかは忘れがちになるものですが、女性の場合には、調書がしっかりしていますので、そのようなことはあまりありません。

2　回答を催促すると

また、男性調査官の場合、税務上の問題が生じたときには、法人側が処理の妥当性を主張すると、「私見では」という答えが返ってくることが多いのですが、女性調査官の場合は、「上司と相談して」といった答えがあったり、即答が得られない場合が多いようです。これらは、回答を催促することにより、調査日数を減らす可能性があるでしょう。

3　かつては

いずれにせよ、これまでは、女性調査官は主力的な立場で調査するよりも、補佐的な立場のほうが多く、法人側もそのように対応することで、税務調査もスムーズに行われてきました。

4　女性同士で意思疎通

また、調査官が女性の場合には、たとえば法人側も女性スタッフに説明させると、女性同士で意思疎通が生じ、調査がスムーズに進むこともあり得るでしょう。すなわち、税務調査はクールに、スムーズに、予定より早く終了することが望ましいからです。

今後の対応

1　男女差はない

調査官が男性か女性かで、原則的にその業務が変わることはありません。税務調査は他人の業務を外部から、しかも強い国家権力によってその適否をチェックする業務ですから、従来の日本的感覚や慣行からすれば、女性調査官にとってはきびしい職務であったかもしれません。

2　女性税務署長も

しかし近年は、単なる税務調査にとどまらず、激しい体力を要する査察業務をこなす女性査察官（マルサの女）が現れて来ています。さらに、調査官や査察官などのスペシャリストにとどまらず、管理業務を行う者、すなわちトップの地位に就く女性も現われ、典型的な例としては、女性の税務署長なども、もはやめずらしくありません。

3　能力を発揮

かつては女性調査官の存在はめずらしかったのですが、近年はそうではなくなりました。とくに、中小法人の税務調査に女性調査官が出向くケースが多くなっているようです。とりわけ女性経営者の法人調査、あるいは相続税の際の夫人所有物の現物調査等においては、男性以上にその能力を発揮しているのではないでしょうか。

Q69 税務調査の日数

▶調査に要する日数を知りたいが

現在、税務調査を受けていますが、本日は２日目です。来月は当法人の商品仕入れにつき割戻しの計算をする必要があるほか、決算月でもあるので、各種残高証明書の取付け等の仕事があり心配しています。いつ終わるのでしょうか。

A

Point

1 税務調査が始まったが、いつまで続くのか…
2 調査官に聞いても明確な回答はない…
3 やむなくスタートしたときは付箋方式で…
4 税務当局の事務上の事情にも配慮すべき…

当面の対応

1　調査日数

税務調査の進行計画およびその所要日数は、準備調査において一応の予定はできているようですが、調査の性格上、重要な問題が発見されればその計画はすべて吹っ飛んでしまい、大幅な予定変更が行われることがあります。法人側が調査官に対して調査日数の見込みを質問しても、明確な答えが得られない理由がここにあります。

2　付箋方式とは

法人と税務当局の都合が折り合わないと、アンマッチのまま調査に入らざるを得ませんが、その間隙を埋めるのが、たとえば「付箋方式」であり、その方法は以下のとおりです。

①調査官が確認したいと思う伝票に付箋をつけ、この付箋に番号を記入する

↓

②付箋をつけた場合、手控えのためにその付箋番号のリストを作成しておく

↓

③付箋に記載してある契約書、請求書、領収証が法人側より提示されれば、それを番号順に提示する

↓

④この場合、顧問税理士が関与した件に関する証憑書類であれば、直接、税理士が質問に応じる

↓

⑤最終的に社長、管理者等が疑義についての説明を行い、調査官側の了解を求める

↓

⑥上記のうち、了解が得られない事項については、顧問税理士とも相談して説明を行い、さらにそれが不可能である場合には、修正申告、更正決定により解決する

今後の対応

1　法人の不満

税務調査は通常２～３日で終了しており、毎回とくに税務上の重要な問題を指摘されることもなく、また法人としてとくに不当・不法な行為を行っている

わけでもないのであれば、調査日数に関する調査官の歯切れの悪い発言には、法人の人的余裕がないときはとくに、大きな不満を感じることがあります。

2　署内の都合

調査官側は、調査対象の法人を、限られたスタッフと日数で調査し、かつ調査過程において突発的な処理・事件等が発生してもそれをこなす必要があります。とくに、税務署内の調査事務処理期限の区切りが、例年６月末日と定められ、そのための追込み作業があるとも聞いていますので、それらにも配慮すべきでしょう。

3　署内の事務

調査官側の事務上の都合を考えますと、法人の税務調査においては、原則としてタイムリミットは６月末とされており、これが事実上、調査日数の重要な決定要因ともなっていると考えられます。すなわち、調査のラッシュが終了した直後の７月に、人事異動が行われるのです。

Q70 交際費等の調査

▶諸経費のうち交際費等の取扱いは重要

景気回復の兆しがみえたこと、中小法人の交際費等の税制が若干緩和されたこと等により、売上げが若干増加、交際費等がそれ以上に増加しています。税務調査は毎回交際費等が問題になりますが、現在進行中の調査ではどうなりますか。

A

Point

1 交際費等は不況期には使いづらいが…

2 交際費等のルーズな支出には要注意…

3 決算書各科目から交際費等を加算・減算する…

4 交際費管理規程でムダを省き有効活用を…

当面の対応

1　支出の状況

バブルの頃は利益が多く、交際費等も使い放題でしたが、バブル崩壊以後は、規制強化と不況により大幅に減少しました。ここにきて景気が若干回復し、税制がゆるむと、再び徐々に増加し、今回の調査年度では、交際費等はここ数年で最も多くなりました。

2　営業の傾向

法人の営業担当は、交際費等の規制があるため、堂々と交際費として伝票を切らずに、予算に余裕があるほかの科目、あるいは旅費、雑損失、売上原価のようなP／L、C／R科目、さらには仮払金、前払費用、前渡金、未決算勘定、建設仮勘定等のB／S科目にも、算入する傾向があります。

3　区分の把握

したがって、税務調査では、法人の支出金のうち交際費等の関係費を以下のように仕訳して、課税対象となる交際費等を加算・減算して差引額を決めるのです。

プラス要素		税　対　象		マイナス要素
●B／L、C／R諸経費	→	●P／L、C／R交際費	→	●臨時役員、従業員給
●B／S諸資産	→	●税交際費等	→	●寄附金
			→	●使途不明・秘匿金
		⇩		
（抽　　出）		（別表十五）		（除　　外）

4　税負担の増加

この仕訳は税務調査に際して多く行われ、大多数の法人が交際費の計上漏れを指摘され、また交際費がほかの類似科目（人件費、福利厚生費、旅費交通費、会費・会議費等）とのボーダーラインがグレーであるため、多くの議論が行われたあとにやむを得ず修正申告に応じており、結局、税負担が増加しているケースが多いのです。

今後の対応

1　支出に対して注意

交際費等は、中小法人にとって決してムダな費用ではないのですが、ルーズに使うととめどなく増大し、税の負担も大きいほか、税務調査をきっかけにして大きな社会問題となることがあり得ますので、支出に対して注意を要します。

2　管理規程の設定

交際費等を上手に使うためには、交際費等管理規程を設定し、まず社内的にムダかつ多額の交際費等を節減、規制します。この規程によりかなり交際費支出が合理化されるので、この規程を調査官に示し、法人が現に支出している交際費等の支出の実態を明らかにすべきです。

3　交際費化

支出費用が交際費化されることは、課税外支出が課税経費となるため、法人として不利なのですが、これが臨時役員給与、寄附金、使途不明・秘匿金等となれば、交際費等よりさらに罰則的な税負担が重くなりますので、臨時役員給与等となる支出金を取りやめ、交際費等支出によりむしろ税負担を軽減することも１つの方法でしょう。

4　中小法人の特例

資本金１億円以下の中小法人は、交際費等の支出額が年間600万円以下であれば、10％課税と縮減されますので、交際費等の支出が多い資本金１億円超の法人は減資して、この特例を利用すべきでしょう。

Q71 期ズレの調査

▶売上げの期ズレに注意せよ

当法人は現在、税務調査を受けていますが、いつも問題となるのは期ズレ売上の税務否認です。すなわち、売上計上基準は出荷ベースですから、出荷しても売上げを計上しなかったものがあるのです。これはどうしたら防げますか。

A

Point

1 税務調査のたびに期ズレ売上が否認される…

2 各営業拠点は「売り」、管理部は「締め」が重点…

3 価格未定、売上日不定等の規程化をどうする…

4 売上計上基準の見直しがぜひとも必要と考える…

当面の対応

1　毎回否認される

当法人は製品の売上げにつき出荷基準を採っています。すなわち、製品が出荷したときには売上計上すべきなのです。したがって、出荷済で売上げを計上しなければ税務上否認されるのであり、これを本社管理部がいくら指導しても各営業拠点では守りきれず、毎回、期ズレ売上、厳密には粗利益相当額が否認されているのです。

2　期ズレの原因

各営業拠点は以下の理由により、「期ズレ売上を防止することはできない」と主張しています。

①　価額未定

製品で出荷しても得意先が値引きを要求したため、単価未定の場合、すなわち仮出荷の場合には、出荷済でも売上げを計上できないので、どうしても期ズレ売上の税務否認が行われます。

②　試用売上

得意先は、製品を試用したのち結果がよければ購入する意向があり、したがって、当法人としては出荷済未売上となるので、それが期を越せば税務調査において上記①と同一の視点から、期ズレ売上否認の対象となってしまいます。

③　内部統制

営業部は、とにかく製品を得意先に持ち込んで実績をつくらなければ販売が成立しないと考えており、その反面、管理部はルーズな売り方で商品が失われては責任が発生すると考えており、このように立場が相違する内部統制が、期ズレの売上否認が発生する大きな起因となっていると考えられます。

今後の対応

1　基準の変更

売上げは大いに増加すべきであり、その反面、管理も重要であれば、その内部統制を崩さずに税務否認を減らすための方法を考えるべきであり、その１つが売上基準の算定です。

すなわち、従来の安易な出荷基準をやめて、より法人の実態にマッチするほかの基準に変更し、税務調査の際に、その変更事実を明示する必要があります。

2　検収基準

ほかの基準としては、まず検収基準があり、これによれば単に製品の出荷だけでは売上計上を行わず、得意先が受入検収つまり購入を決定すれば売上げが確定します。なお、製品を出荷した場合には、その処理を積送品勘定により行い、出荷済製品と手持製品を区分管理します。この変更を行ってもとくに税務署に届け出る必要はありませんが、管理規程を改定しておき、税務調査に際しては、その変更後の規程を提示します。

3　試用基準

これも上記の検収基準と同様ですが、持込期間が長く、持込み後、それを所定の期限後に購入する意向があれば、購入意思を明示したとき、あるいは所定の試用期限内に売上計上を行えばよいのであり、これを税務調査の際に説明します。

なお、製品出荷試用期間が終了するときまで試用品a／cを利用します。経理規程を改定する必要性があることは、上記の場合と同様です。

Q72 売上原価の調査

▶売上原価が修正されて大きな税負担が

現在、税務調査を受けていますが、契約社員が行ったためか、製品倉庫の出納記録の記帳がルーズであり、売上原価の数字が大きく変わり、多額の否認金が発生する見込みとなっています。どのように対応すべきでしょうか。

A

Point

1 製品倉庫の棚卸資産管理不備による否認…
2 売上品以外の出荷品の整理不備の指摘が…
3 製品、積送品、売上原価勘定の再検を…
4 棚卸資産管理規程の設定と継続適用を…

当面の対応

1　倉庫管理の不備

当法人の製品倉庫は、取扱量が増えてきており、専門家の設置が必要でしょう。調査官より「製品の出納事務を改善しない限り、将来、青色申告取消しの問題が生じる可能性がある」旨の説明がありました。

2　実地棚卸

当法人は、期末に製品の実地棚卸を行い、その数値だけによって売上原価を計算しています。そのため、正規の売上げとその原価以外の要素が算入されたまま決算が行われており、したがって調査官に「売上原価、粗利益、課税所得金額等について正規の数値と差額が生じている」と指摘されました。

3　具体的事例

上記のうち、差異が生じた要素を示してみます。

①　期末実地棚卸から漏れたもの

委託販売製品の計上漏れがあり、この部分だけ売上原価が増加しますので、当期純利益は減少します。

②　製品のうち得意先に贈与したもの

この部分だけ売上原価が多く、交際費等に計上されていません。したがって、交際費等が増加した分、売上原価が減ることになります。なお、資本金１億円以下の中小法人については、年間600万円までの交際費等については10%の低率課税となります。

③　製品のうち売上未出荷のもの

期末に実地棚卸を行った製品に、すでに売上済みで未出荷の製品が含まれていました。これは期末製品残高より売上原価に振り替えます。その結果、その額だけ売上原価が増え、当期純利益は減ることになります。

4　修正申告

上記の結果、修正申告を要する額は、以下のとおりとなります。

【算式】

①　＋　②　－　③　＝　要修正所得金額

今後の対応

1　管理規程を修正

今後は、売上原価はあくまで売上品に対応する原価だけとする会計処理を行うべきであり、そのためには、製品勘定、売上原価勘定を以下のとおり棚卸資産管理規程により修正します。なお、税務調査もそれを推奨しています。

① 積送品勘定

委託販売品を積送品勘定に区分して、その勘定により処理し、かつ期末には積送品勘定残高を棚卸資産管理規程により実地棚卸を行って修正します。

② 正規品勘定

上記①と並行して、正規の製品勘定残高も、棚卸資産管理規程により実地棚卸を行って修正します。

③ 未出荷品

売上済品であれば、製品勘定から除外しますが、売上未済品であれば、売上取消しを行います。この実行も管理規程のとおりです。

以上によって、以前、帳簿残高が存在しなかった積送品勘定、また不正確だった製品勘定が是正されます。

④ 贈与製品

得意先の社長個人等に贈与した製品については、交際費等に集計して課税所得に加え、明細書別表十五に合算集計し、交際費勘定から除外すべきものは除外して、差引集計後、課税所得に加えます。なお、このルールも管理規程のうちに定めます。

2　事前の閲覧

製品等の棚卸資産について、税務調査を受ける以前において、法人側は調査官に棚卸資産管理規程の閲覧を依頼し、当法人がこの規程を継続的に適用していることを説明します。

Q73 豪華社宅の調査

▶会長の社宅が高額なマンションの場合

当法人の会長夫妻は、法人が取得した高額マンションに居住しています。調査官は当該マンション内にゴルフ練習室、そして茶室があることをして、家賃をとるべきと言っています。会長には言えず、困ってしまいました。どうしたらいいでしょうか。

A

Point

1 会長に立派な社宅(高額マンション)を提供…
2 調査官は実勢の社宅家賃の負担を希望…
3 どうすれば税ベースの社宅家賃となるか…
4 オプション工事費は役員の個人負担とする…

当面の対応

1　税法の算式

法人が取得した役員社宅の家賃は、所得税基本通達36－40に定める自己所有の社宅（役員）の計算により決められます。したがって、税務調査に際しても、使用料はその算式どおりに決めたと調査官に申し上げました。

【算式】

$$\left\{\left(\begin{array}{l}\text{その年度の家屋}\\\text{の固定資産税の}\\\text{課税標準額}\end{array}\right)\times 12\% + \left(\begin{array}{l}\text{その年度の敷地}\\\text{の固定資産税の}\\\text{課税標準額}\end{array}\right)\times 6\%\right\}\times\frac{1}{12}=\text{賃貸料（月額）}$$

2　著しく低い

この計算方式で該当社宅の家賃を計算すると、一般スタッフの外部支払家賃と比較して倍額程度であり、調査官から「これでは著しく低い」と強い意見がありました。

3　豪華の概念

この高額マンションには、会長の強い意向でゴルフ練習室、そして夫人の意向で茶室が設けられています。調査官は、このような特定個人の趣向が強く入ったものは、もはや通常の法人役員社宅ではなく、時価ベースで社宅家賃を徴収すべきと言っています。その場合、家賃は著しく高くなってしまいます。

4　現物給与の好事例に

さらに調査官は、「これまで現物給与として現実に否認された事例は少なかったので、本件がそのよい事例になるでしょう」と付け加えました。

今後の対応

1　反対できない

当法人は、会長一族がほぼ100％の株式を保有している同族会社ですから、会長の指示によって社宅を提供することに、誰も反対できません。ただし、そうだとしても、税務当局によるきびしいチェックを免れるわけにはいきません。

2　認定要件の類型

ここで、税務上、豪華役員社宅と認定される要件の類型を示します。

①　役員社宅としてふさわしい物件かどうか

取得する役員社宅は、法人の役員であれば誰でもマッチする一般的な社宅であって、迎賓館のような超豪華の建物であってはならないのです。

② 一般的な役員社宅の数倍の予算が計上されていないか

この種の異常に高額な役員社宅は、税務上、豪華役員社宅と認定されやすくなるでしょう。

③ 役員社宅だからといって、過剰なオプションが加えられていないか

すなわち、通常の役員社宅に加えて、会長用のゴルフ練習室、夫人用の茶室等を備えていると、税務上、豪華役員社宅と認定されることになるでしょう。したがって、これを避けるためには、この種のオプション費用は会長個人が負担することも、1つの方法といえるでしょう。

第4章

税務調査の
証拠資料の提示

Q74 証拠資料の準備

▶資料をどう整備・整理すべきか

近く、税務調査があるので不安になっています。その理由としては、調査の際に指示された資料をその場でただちに提示せよといわれており、その資料探しに時間がかかりそうだからです。どのような準備をしておくべきでしょうか。

A

Point

1 要求された資料をただちに提示するには…

2 調査時間の大部分が書類探しになってしまう…

3 資料不足・不備等による税務否認は回避…

4 資料管理規程に定めるコード化、番地化を…

当面の対応

1　資料を即時に抽出

資料の整理は、図書館の図書出納事務を考えればよいのです。すなわち、図書館では閲覧希望者が書籍を申し込むと、図書館の職員は、膨大な書籍の山からただちに希望の書籍を引き出してくるのです。このほか、大型の書店で購入したい書籍を申し込むと、書店員はパソコンで調べて、その書籍がどの棚に置いてあるかをただちに教えてくれます。

2　スムーズに提示

税務調査に際しても、この要領を応用して、必要な資料がスムーズに提示されればよいのです。たとえば米国の法人では、資料の管理に担当者をつけ、どのような資料でもわずか１～２分で抽出できるようになっているところも多いようです。

3　事前の要請

最近は、たとえば国税局法人調査部門から、事前に税務調査に必要な資料一覧の提出要請リストが送付されるようになり、したがって法人は、そのリストをベースとして資料をそろえておくことができるようになりました。

4　資料の種類

リストに記載される代表的な資料としては、①法人案内、②経理規程、③支払請求書・領収証、③監査法人の監査報告書、などがあり、きわめて多数ですが、これ以外の資料で必要と思われるものも準備しておけば、便利であるばかりでなく、調査官の心証もよくなることでしょう。

5　税務否認

資料の整理の不備は、税務調査とどのように関連するのでしょうか。たとえば不要な書類と誤認して、廃棄してしまうことがあれば、大きなミステイクになります。税務調査では、法人が行った処理の根拠を立証する資料が存在しないときは、とにかくいったん税務否認されるので、法人側は大きなデメリットとなります。

今後の対応

1　保存規程を決めておく

法人の規模が大きくなると、資料の量が膨大になりますので、あらかじめその整理や保存ルールを規程化し、決めておくべきです。

2　整理の事例

①　コード化

たとえば、領収証等の整理にしても、抽出するルールが決まっていれば、ただちに提出することが可能です。すなわち、年度別に、また各書類のブロック別に、コード化するのです。以下に事例を示します。

【コード化例】

- 「23・3」→　平成23・3期
- 「A」→　総勘定元帳
- 「1」→　現金出納帳
- 「2」→　現金支払請求書・領収証ファイル
- 「3」→　……

【解読例】

- 23・3－A－1　→　平23・3期　現金出納帳
- 23・3－A－2　→　平23・3期　現金支払請求書・領収証ファイル
- 23・3－A－3　→　平23・3期　……

②　保管区域

資料別のコード化が終了したら、次はその保管区域を決定する必要があります。いくら資料別ごとにコード番号が決まっていても、それがどの区域に保管されているかがわからないと、結局、探しまわることになります。

③　保管番地（指定保管区域）

そのためには、その資料が保管されている区域を図解した番地表を作成し、それを見れば必要とする資料の所在区がわかり、抽出することができるようにしておくのです。

資料倉庫には、たとえばＡ区域の１階は「Ａ－１」、２階は「Ａ－２」等の番地を決め、必要な資料をコンピュータリフトにより自動的に抽出し、提示終了と同時にコンピュータリフトにより元へ納めるようにします。以下の図表のとおりです。

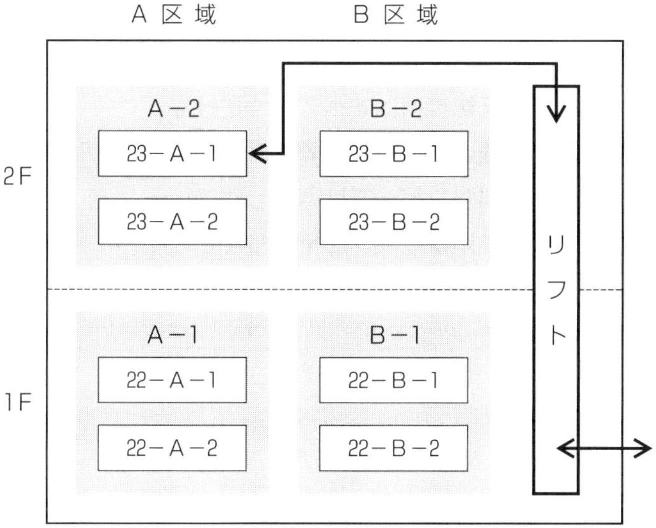

Q75 資料の証拠力

▶コピーに証拠力はないのか

先日の税務調査で、調査官から、工場の隣接地を取得したときの契約書、および領収証を見たい旨の申入れがあり、コピーを見せたところ、原本が見たいとのことでした。なぜコピーではだめなのでしょうか。

A

Point

1 税務調査に必要な証拠資料はすべて原本だけを…
2 コピーを利用して改ざんしやすい資料、数値は…
3 要求された証拠資料がコピーでは通用しない…
4 カラーコピー機の乱用は危険、悪用につながる…

当面の対応

1　偽物悪用

最近のコピー機器の性能はめざましく、ちょっと見ただけでは原本とコピーを見分けることが難しいくらいですが、コピーはあくまでコピーでしかありません。

2　改ざん

コピーが資料として認められないのは、データ等を改ざんする可能性があるからです。以下に、税務調査の際に必要な証拠書類にしぼって、どのような書類が改ざんしやすいかを検討してみましょう。

数値が手書きの契約書、請求書、領収証等は、比較的容易に数字を改ざんでき、かつそれをコピーしてしまうと改ざんの事実がよりわからなくなります。改ざんの方法は以下のとおりですが、欧米等では防止策が利用されています。

①　手書数字の前に数値を記入する方法

【例】

改ざん前		改ざん後		防 止 法
100万円	➡	1,100万円	➡	¥1,000,000―

これを防止するためには、100万円の前に「¥」を入れると数値を挿入することはできなくなります。

②　数字自体を改ざんする方法

【例】

改ざん前		改ざん後
100万円		700万円
300万円	➡	800万円
700万円		900万円

上記のとおり、改ざんしやすい数字がありますので、改ざんにしくい書体で書くようにします。

3　資料を有効にする

上記のとおり、証拠資料を有効にするためには、①まず、改ざんできないような表示にすること、②なるべく手書きを避けること、となります。

4　立証の方法

このように、取引を行う場合には、その証拠書類は手書きは避け、税務調査において証拠として提出するものは、かならず原本となります。このことは、調査官から要求される以前に、心得ておくべきことでしょう。

今後の対応

1　真偽の判別

以前のコピーは白黒のものしかなく、たとえば領収証印は赤色であったため、その個所が黒であれば一見してその資料がコピーであることを判別することができました。最近のカラーコピーは性能がすぐれているため、原本かコピーか判別できない場合が生じます。

2　カラーコピーの精度

以下は余談ですが、カラーコピーの精度は現在も進歩しつつありますが、たとえば紙幣をコピーしようとすると、これは犯罪になります。税務調査どころの話ではありません。

Q76 証拠力の高低

▶証拠力が高い資料とは

現在、税務調査を受けていますが、調査現場では証拠資料をめぐり、調査官が経理部作成の支払伝票だけでは損金算入の証拠にならないと発言しています。経理部長印のついた伝票でも税務署は信用しないのでしょうか。

A

Point

1 証拠資料は量ではなくその質が大事…
2 証拠力が高い資料、低い資料とは…
3 証拠力が低い資料では思わぬ税負担が…
4 証拠資料の牽制機能とは何か…

当面の対応

1　証拠の量と質

以下に、経理に関する証拠資料、すなわち契約書、請求書、領収証等を、証拠力の高い順に示してみましょう。

①　証拠力が高い資料
- 国、地方公共団体等が発行したもの
- 銀行、電力、ガス等公共性の高い大規模法人が発行したもの

②　証拠力が比較的高い資料
- 上場済みであり、かつパブリックな法人が発行したもの

③　証拠力が低い資料

●親・子法人、同族関係者である個人、法人、支配関係にある代理店、下請法人等が発行したもの

④　証拠力がかなり低い資料

●同一社内の他部門が作成したもの

⑤　証拠力がない資料

●同一部内等、たとえば経理部、役員等が作成したもの

2　証拠不足に

上記のとおり、税務調査において提示すべき証拠資料は、証拠力が高いものであることを要し、低いものでは証拠として取り上げられず、最終的には証拠不足により思わぬ大きな税負担をすることがあるので注意を要します。

3　コンピュータによる資料

同一社内、同一部内等で作成されるコンピュータによる資料等は、元来、同一内容の素材を、目的に応じて各表に、あるいは中間記録により分散させてつくったものですから、源泉は同じものがベースになっているはずです。それらを相互に突合しても、合致することは当然です。

今後の対応

1　質的な選別

法人は、税務調査に備えて証拠をなるべく多く準備する傾向がありますが、せっかく用意した膨大な資料のほとんどに証拠力がないこともよくあることです。すなわち、資料は量ではなく、その質を重要視する必要があるのです。

2　遠い証拠、近い証拠

上記では、証拠力を「高い」「低い」と表現しましたが、ひと口にいえば、

経理部から「遠い」資料は外部証拠として証拠力が高く、「近い」資料は証拠力が低い、あるいは証拠力がないということがいえます。

3　牽制する機能

証拠資料は、会計記録を牽制し、かつそれを是正する機能を有しています。たとえば、法人の当座預金残高は、銀行から入手した預金残高証明書である証拠資料との突合に過不足があれば、その原因を探して調整し、さらに差異があれば、その差異を未決算勘定に振り替えて調査するのです。

Q77 電子機器等の活用

▶デジカメや測量器等で作成した証拠は

当法人は自動車のディーラーですが、毎期末の在庫車のチェック、ならびに旧型部品の廃却の立証には苦労していました。最近は、人手不足によりデジタルカメラで立証を行っています。これは税務調査で問題とならないでしょうか。

A

Point

1 法人の決算に測量器等による数値を利用してよいか…

2 製品廃却の事実および数量の立証にデジカメを利用…

3 資本的支出と修繕費の区分は器具でどうやるか…

4 測量器等を利用して税務処理を決めてよいか…

当面の対応

1 コピー利用

一定の記録等をコピーして書類に置き換え、これを証拠資料とすることは許されるのでしょうか。Q75において検討したとおり、コピーを証拠資料としてそのまま利用することは「ノー」なのです。

2 実地棚卸

しかしながら、たとえば、法人の内部統制が行われている中で、製品の実地棚卸の記録のためにデジタルカメラを使った場合はどうでしょうか。撮影者が現業部門、管理部門のスタッフの場合には、内部証拠となりますが、公認会計士や監査法人等が撮影したものであれば、外部証拠となり、証拠能力はきわめて高くなります。

3　実況写真

製品、仕掛品、材料、貯蔵品等を廃却して屑落としを行うときには、廃却中の実況写真を撮影して、それを廃却事実の証拠資料とすることは有効でしょう。なお、この場合、その作業実施のほかに、各製品に付けられていた製造ナンバープレートを漏れなく回収しておき、税務調査に際してプレートの現物、またはプレートの写真を提示すれば、製品の廃却の事実のみならず、廃却対象となった製品数の立証資料としても有効になりますので、この種の手法をぜひとも活用すべきです。

4　修繕の前後

現在テレビで放映されている、いわゆる「ビフォーアフター」の比較による方法を紹介します。修繕前の設備の状態（ビフォー）の写真を撮影し、これを修繕後の状態（アフター）と比較し、外形上変わりがなければ税務上その費用は修繕費である損金となり、画期的に変化した場合、用途が変更になった場合等は、資本的支出として処理することが妥当でしょう。

5　地盛費

工場の前の土地が沈下したので、これを地盛りで復元した場合、沈下前のレベルまでの地盛費は修繕費として損金算入が認められますが、従来以上の地盛費は資本的支出とみなされ、土地 a／c に加えられます。この場合の区分の立証は、デジカメでは不可能であり、プロが測量器を使用して地盛費の処理を区分するデータを提示する必要があります。このように、区分の基準が合理的であれば、税務上とくに損金算入に関して問題となることはありません。

今後の対応

1　プリントアウト

デジカメで撮った証拠写真は､原則としてプリントアウトして保管しますが、製品棚卸表など量が膨大なものはサンプルをしぼり、帳簿数量と画像数量のチェックだけにとどめるべきでしょう。なお、税務調査に際しては、それをそのまま提示しますが、この要領で税務否認が行われることはないでしょう。

2　画像のみ確認

最近は、事実確認を早く、しかも正確に、かつコストも低く行うことが要請されており、そのため、画像だけで確認し、必要があるものに限ってプリントアウトすることも可能です。なお、プリントが必要なものについては、税務当局側から依頼があることもあります。

Q78 証拠補填の事例

▶法人側が客観性のある証拠資料をつくる

現在、税務調査を受けていますが、当分終わる見込みがありません。調査官が要求する役に立つ証拠資料が存在しない場合が多いからです。とくに、現金支払の諸経費、現金仕入の材料等の納品書、領収証などが見当たらないのです。どうすべきでしょうか。

A

Point

1 税務調査は証拠資料をベースとした調査なので…
2 証拠資料がなくても損金算入が認められる経費とは…
3 法人が証拠資料を合理的に補填する方法は…
4 資料補填の具体例にはどのようなものがあるか…

当面の対応

1　証憑が不要なもの

収入・支払取引は、原則的にその収支に関する証憑が必要ですが、①相手先が必要としない資料、②ほかの記録から収支関係がわかる資料、③金額が著しく少額な資料等については、実務上、請求書、領収証等がなくても差し支えありません。これは当法人の経理規程でも認めており、税務調査もこれを否定していません。

以下に、その具体的な事例を挙げてみましょう。

2　具体的事例

① 収入関係（最終消費者が費用する資料）

たとえば、個人の最終消費者がスーパーで食品を買っても、それに関する領収証は必要がないため、スーパー側は領収証は発行しても客が受け取らないので渡さず、税務調査においても通常の場合、これを整備しておくことは要求されていないのです。

② 支払関係

(a) 他の資料からわかる資料

たとえば、使用人の出張旅費は、法人の出張承認書（伺）、タイムレコーダー、出張旅費規程等により、出張事実が把握できますので、乗車券、宿泊料等の領収証は、税務調査においてはとくに要求されないのです。

(b) 少額多数である資料

たとえば、近距離の電車代やバス代など、少額の乗車代金、乗船代金については、現在ではスイカ等もあるため、税務調査がその領収証を要求することはありません。

今後の対応

1　証拠資料の補填

証拠資料のない支出金は、原則として税務調査において損金算入を認められませんので、ない場合には、法人が客観性のある証拠資料を積極的に補填して、損金算入が認められるようにすべきです。

2　具体的事例（Q&A）

① 得意先家族祝金の損金算入の証拠補填

Q　社長が法人の重要な得意先の家族の結婚披露宴に招待されたため、法人から金一封を支出しましたが、この領収証は取り付けられません。税務調査ではどうなりますか。

A　法人から支出された金一封が、得意先のご家族に手渡されたか否かは不明ですが、少なくとも、結婚披露宴の招待状が支払伝票に貼り付けられていれば、招待された事実が、また出席御礼があれば、出席事実が明らかになります。なお、このことは、得意先の葬儀に際しての香典、その他イベント、諸慶弔費等についても同様です。

②　請求書未着による貸倒損失の損金算入の証拠補填

Q　倒産得意先の貸倒処理をしましたが、倒産事実を立証する証拠資料は倒産のどさくさで入手することができず、現在も何もない状態です。この点につき、税務調査ではどうなりますか。

A　この場合は、法人が倒産した得意先に対して、債権回収の請求書を郵送し、その請求書が宛先不明により法人に戻って来た場合には、それを得意先行方不明の証拠資料とすることも、１つの方法といえましょう。

③　現金仕入材料の納品書不在の証拠補填

Q　小規模業者が手持材料を換金のために持ち込んだのですが、材料の数量、単価の明細が不詳で、いわゆる「ひと山いくら」という感じであるため、受入記帳に困っています。全体的に割安感があるのですが、税務調査ではどうなりますか。

A　この場合は、法人が使用している社内納品書に持込各材料数に時価を乗じた価額を合計額として記入し、その額と持込者の言い値との差を値引きとして受け入れることも１つの方法です。すなわち、この納品書には、持込者の印が押されているので、立派な外部証拠資料として通用し、税務調査においてもとくに問題にはならないでしょう。

Q79 証拠資料の発見

▶紛失した資料が調査後に見つかった

現在、税務調査を受けています。今回問題になったことは、新製品の宣伝のために優良得意先に見本として提供した際の領収証を紛失してしまったため、否認されたことです。その後、セールスマンの机から領収証が出てきました。この場合、どのように処理したらよいでしょうか。

A

Point

1 見本贈与品にかかる物品受領証は必要か…
2 領収証の整理を契約社員にまかせてよいか…
3 更正決定後に再調査を請求することはできるか…
4 修正申告と更正決定はどう違うのか…

当面の対応

1　新製品の提供

法人が、事業活動のために得意先やユーザーに新製品を提供することがあります。これは、新製品のPRを行うために必要な費用として、税務上、広告宣伝費として損金処理すべきです。

2　物品受領証がない

しかしながら、この場合、法人が新製品を得意先に贈与したといっても、そのときの物品受領証がない場合には、税務上、損金処理は否認されることになります。

3　領収証を発見

税務調査が終了し、更正決定通知書が法人に到着した頃、営業部では領収証探しに全力を投じていました。そして、探していた物品領収証の大部分が、契約社員の引出しから発見されました。

4　申述書の作成

法人は、本件について顧問税理士と当面の対応策を検討した結果、税理士のアドバイスにより、①なぜその領収証が調査時点において発見されなかったのか、②いつ、どういうきっかけでその場所から発見されたのか、③その領収証はなぜその場所にあったのか、④発見者は誰なのか、等の状況説明にかかる詳細な申述書を作成することになりました。

5　更正請求

税務上重要な資料を紛失し、調査終了後に発見された場合は、「法人側の一方的な手続きのミスにより所得金額につき更正請求を行うことはきわめて申しわけない」旨の申述書を作成し、税理士作成の更正の請求書に添付して、提出すべきでしょう。

今後の対応

この種の手ぬかりがあっては大変ですので、念のため整理しておきましょう。

1　修正申告

調査官が、否認予定事項について、修正申告を急いで行うよう希望することがありますが、法人がいったん修正申告をしてしまうと、修正申告を行った事項については、その後、更正請求のほか、異議申請、すなわち再調査請求、審査請求を行うことはできなくなるので注意を要します。

2　修正申告か更正決定か

上記のことから、税務上問題となった事項は、①法人の修正申告、②税務当局の更正決定のいずれかにより解決することになります。以下、法人の立場からの有利性を比較してみましょう。

①　修正申告を行うべきケース

法人側の完全なミスを調査官に指摘されたケースでは、早く修正しないと以後の法人の記帳が再び誤ってしまうので注意が必要です。この事例としては、現金・預金・売掛金・在庫品漏れ、重複計上等があります。

②　更正決定を受けるべきケース

法人の考えと税務当局の考えが異なるケースでは、法人は修正申告に応じず、当局の更正決定を受けます。法人はこの更正決定により異議申立てを行うことが可能です。この事例としては、資産の評価損、債権の貸倒償却、交際費等があります。

第5章

税務調査後のフォローと対応

Q80 否認予定の内示

▶調査官から否認予定事項の内示が

税務調査がやっと終わりました。今回、法人と調査官の意見がかなり食い違いましたが、調査官が否認予定項目を一覧表にして法人に提示してきました。この段階になってしまうと、法人としては何を言ってもだめなのでしょうか。

A

Point

1 否認予定事項が明らかになったら…
2 法人に意見があれば早急に申し出る…
3 否認予定事項をいかに把握するか…
4 否認予定事項の性格に応じた対応を…

当面の対応

1　事前の打診

調査官はプロフェッショナルとはいえ、初めての法人の経理の実態を把握することは容易ではありません。したがって、以下のような理由により、法人の反応を打診する場合があります。

① 調査の過程で税務否認が必要と感じた事項の是否について事前に確認するため

② 法人に否認予定額を急に知らせるとショックを与えることがあるため

2　手際よく解決

否認予定事項の処理解決の要領は以下のように考えるべきであり、結論をいえば、手際よく、スピーディーに、クールに解決し、一刻も早く税務調査を終わらせて、従来の業務に戻り、法人本来の事業活動を行うべきでしょう。

3　基本要領

否認予定事項が否認確定事項に、あるいは予定事項が指導事項になり、さらに議論がこじれれば、極端な場合、重加算税の課税処分、あるいは青色申告取消しの処分等が行われる可能性もあり得るのです。そのような事態にならないためにも、以下の要領を示しておきます。

①　ミスの処理

法人が行ったミス処理に伴う否認予定事項については、原則的に法人は認容することにします。ただし、少額のものは議論の外になるでしょう。

②　正当な理由

否認予定事項のうち、法人が正当性を感じているものについては、証拠をそろえて否認されない旨を主張する場合もあります。したがって、法人が修正申告をするときは、その部分を除いて行うことになり、修正申告とは別に異議申立てを行うことになるでしょう。

③　早期の申出

調査官の誤解によって否認予定事項が決まりそうなときは、法人は新しい証拠資料により自己の正当性を説明することになりますが、できるだけ早い時期に、積極的に、アクションを起こす必要があります。時期が遅れてしまえば、調査官の否認の意見が固まってしまうからです。

④　異議申立て

法人が否認予定事項に対して意見を述べず、あるいはそれが遅れた場合は、調査官はその否認予定事項を署内で決済し、作業を打ち切ってしまいます。そうなると、その否認予定事項については一応更正決定が行われ、再審するためには別の部門において異議申立て等の方法によることになります。

この段階になると、決着には相当の時間を要することになりますので注意が必要です。

今後の対応

1　否認予定事項の内容

否認予定事項の内容を分析して示せば、以下のような事例が考えられます。

① 法人の意図的な脱税、租税回避処理

② 法人のうっかりによるミス処理

なお、「うっかりミス」には、以下のような内容が考えられます。

- 会計処理自体のミス
- 会計処理の判断のミス
- 会計管理状況の不備とその処理のミス
- 租税特別措置法の適用ミス
- 申告調整等のミス

③ 調査官への証拠資料提示不足によるミス処理

④ 調査官の先入観による判断ミス　等

2　討議の結果

上記の否認予定事項について、法人と調査官が討議を行えば、以下のような結果に至ると思われます。

① 脱税等の意図がある処理

金額の如何にかかわらず、必ず否認されます。場合によっては税だけにとどまらないときもあります。

② うっかりによるミス処理

少額のものを除き、原則としてすべて否認されます。

③ 会計処理・判断のミス

上記②と同様です。

④ 会計管理状況の不備

指導事項となるか、悪質性が高ければ青色申告が取り消されることもあります。

⑤ 措置法の適用ミス、申告調整等のミス

すべて否認の対象となります。

⑥ 調査官の判断ミス

できるだけ証拠資料を取りそろえて十分に説明を行えば、調査官の理解が得られ、否認予定事項が取り消されることがあります。

Q81 修正申告の勧奨

▶調査官に修正申告を勧められた

１週間続いた税務調査が終わり、ほっとしたところです。しかしながら調査官から「調査日程が長びいたため、早速修正申告を提出してください」と言われました。社長は修正申告に対してなかなか理解してくれず、困っています。どうすればいいのでしょうか。

A

Point

1 修正申告が必要になった原因分析を…
2 早く修正申告をしてほっとしたいが…
3 安直な修正申告ではなく原因究明を…
4 修正申告が株主総会に与える影響は…

当面の対応

1　修正申告の区分

修正申告といっても、その内容に応じて以下の２つに区分されます。

すなわち、

① 課税所得の基となった当期純利益の計算ミスによる修正申告

これはたとえば売上利益の計上漏れですから、この種のミス発生の責任は原則として法人自身にあるのです。

② 法人税申告書および明細書別表記載のミスによる修正申告

この種のミス発生の責任は、主としてそれを作成した者、すなわち顧問税理士（会計事務所等）となります。

2　法人の本音

法人と税理士の業務分担が明確になっていれば、修正申告を行う場合にもスムーズに進めることが可能なはずです。法人の本音は、調査官の気が変わらないうちに早く修正申告を実行して､税務調査を終了したいというものでしょう。

3　原因究明

修正申告を行った結果、追徴税額が多額になるときは、法人内で、その発生原因および責任の所在が追及されることとなります。今後、二度とこのような事態が起きないよう、場合によっては経理担当役員や経理スタッフの配置転換を含めた、チェックシステムを構築する必要があるでしょう。

4　税理士解任

税務調査終了後、顧問税理士や会計事務所の解任、あるいは過少申告加算税の10%、重加算税の30%等についての損害賠償の問題が残ります。実際に、顧問税理士（会計事務所）の責任により発生した修正申告に伴う追徴税額のうち、上記加算税等について負担している事例が多いと聞いています。

今後の対応

1　株主総会の場で

法人の規模が大きくなり、株主が同族関係者あるいは使用人以外となった場合には、株主は、法人の決算、とくに利益および配当の問題にシビアになります。具体的には、株主総会によって承認された決算について、重大な関心をもつことになります。

2　増額修正

株主総会において承認された決算利益が税務調査を受けた結果、増額修正された事実が明らかになれば、会計上、B／Sはもちろん、最終的にP／L当期純利益、法人税、住民税および事業税が増となります。

3　株主総会のやり直し

このように、当期純利益、法人税、住民税および事業税が増額になれば、税務調査以前に行った株主総会では、間違った当期純利益を承認したことになりますので、本来ならば株主総会はやり直すべきでしょう。この点を配慮して、税務署所管法人は、小規模で株主も同族関係者および使用人関係者が多い場合は修正申告を勧める一方、国税局調査部所管法人は、修正申告に代えて更正決定をするようにして、この種のトラブルを未然に防いでいると聞いています。

Q82 税理士の有効活用

▶顧問税理士を有効に活用する

先日、税務調査がありました。ふだんあまり顔を出さない顧問税理士も、さすがに来社して、調査官との間に入ってくれましたが、税務調査が終わると、またほとんど顔を出さないようになってしまいます。このようなことでいいのでしょうか。

A

Point

1 税務調査の立会のための税理士のはずが…
2 税務調査はなぜ特定の時期に集中するのか…
3 長期間の税務調査の終日の立会は可能か…
4 税理士との業務分担と責任を明確に…

当面の対応

1　立会業務

当法人は、顧問税理士に対し、重要な業務の１つとして税務調査の立会を委託しているものですが、税理士によっては他社の税務調査の立会と重複したとの理由等で、税務調査に対する準備がおろそかになってしまい、法人との関係がぎくしゃくしてしまうことがあります。

2　重複する税務調査

税務調査は、３月決算法人については約６か月後の10～11月頃に行われるケースが多く、わが国では３月決算法人の数が多いので、この期間が税務調査のラッシュとなってしまうのです。

したがって、税理士側としては、できれば決算期を３月以外にしてほしいと願っているのでしょうが、現実は、連結決算等の実施もあって、実質的には変わっていません。こういった状況から、税務調査が重複してしまうケースは避けがたいものとなっています。

3　分業方式

最近の税理士事務所は､従来の人海戦術方式から分業方式に転換しています。人件費を抑えるため、できる限り機械化し、さらには伝票集計、インプット、登記関係等を機能別に分担しており、そうなると、長期間の税務調査に終日立ち会う余裕がないのが実情です。

今後の対応

1　業務の委託

法人が税理士に業務を委託するのは、管理業務の部分が欠けているからでしょうか。以下は、税理士がどのような業務を委託されるかの一例です。

【事例】

得意先	相談	起票	インプット	帳簿	決算書	申告書	立会	サイン
●A 商店	－	○	○	○	○	○	○	○
●B 株式会社	○	－	－	－	○	○	○	○
●株式会社 C	○	－	－	－	－	○	○	○

2　契約書に明記

法人は、会計・税務業務を分析して、どの業務を税理士に依頼するかを決める必要があり、かつこれを具体的に契約書に明記すべきです。すなわち、単なる口約束を交わしただけで、現実に業務実施に際して「こんなはずではなかった」ということが生じないようにすべきです。

3　報酬額

上記の業務契約のうち、報酬の点については、標準報酬がなくなった現在、税理士の業務範囲に応じた報酬日額のほか、決算の申告書作成報酬などを決める必要があります。法人と税理士双方が話し合って報酬額を決めることになるでしょう。

4　立会を優先

法人が税理士に依頼する最も重要な業務は、税務調査の立会でしょう。税理士が税務調査のない日に法人に顔を出したとしても、税務調査の当日に立ち会ってくれなければ何にもならないのです。このため、税務調査の立会義務を優先して業務契約書に明記することもあります。

Q83 税理士の委託範囲

▶調査官の肩をもつ税理士の場合

先日、税務調査がありました。当法人の経理スタッフは経験の浅い若手ばかりですので、税務業務のすべてを顧問税理士に委託しているのですが、いざ税務調査が始まってみると、税理士は、法人に悪く、調査官に味方するような発言が多く、愕然としました。これはどうしたことでしょうか。

A

Point

1 あらためて顧問税理士の業務の見直しを…

2 公平性を重視すべき、ひいきは道を誤る…

3 税理士が調査官の味方をする本当の理由は…

4 業務契約書で委託する業務を決めてしまう…

当面の対応

1　公平な姿勢

顧問税理士の業務といえば、税務相談、記帳代行、決算、申告、立会業務等があります。すなわち、税理士は法人と調査官の中間に位置して、あくまで中立の立場を貫く姿勢で業務を実行していくべきなのです。

2　本来は法人寄り

税理士は、本来、中立の立場で業務を行うべきなのですが、①法人の規模が小さく業績も思わしくないこと、②法人から報酬を受けていること、等により、中立の立場である場合は少なく、多くは法人をバックアップしているケースが普通となっています。

3　脱税の指南役に

極端な場合、税理士は、法人のバックアップにとどまらず、法人からの脱税の相談に乗り、みずから脱税プランをつくって関与先をその気にさせ巻き込んでしまうこともあり、こうなると、税理士は金欲に目がくらんだ犯罪者になってしまいます。欲と心の迷いとはおそろしいことです。

4　自己防衛

税理士のタイプは、非組織人が多いだけにさまざまであり、いろいろな人がいます。中には本来の業務指導をしないで、話術だけの税理士もいて、税務調査において多くの指摘を受けると、実際は税理士の指導に不足があったために否認が生じたにもかかわらず、自己の立場を守るために、調査官と一緒になって法人のミスを責めてしまうこともあるのです。

今後の対応

1　業務の明確な分担

顧問税理士とは業務の分担を明確にし、その内容を契約書ないしは覚え書にて明文化しておくべきでしょう。

2　契約の成立

こういった契約はもとより正当なものですから、税理士もとくに異存があるとは思えませんが、もし、従来の業務報酬が実態に見合わない安価なものであり、税理士から報酬見直しの申入れがあれば、今後の業務にプラスになるかどうかを検討し、場合によっては報酬をアップすることは無意味なことではありません。

3　別途覚え書

税理士との業務契約のうち、税務調査の立会が法人として最も重要であれば、とくに立会の際の委任の範囲、立会特別報酬などについて、別途覚え書等により明らかにしておくべきです。

4　申告書作成報酬

このほか、税務調査終了に伴う修正申告書の作成報酬などについても明記しておくべきでしょう。

Q84 帳簿押収の対応

▶帳簿を強制的に押収されてしまった

先般、多数の税務署員が不意に法人に来社し、「帳簿を押収します」というや否や、過去５年分の帳簿をはじめ、現在使用中の帳簿、普通預金通帳、諸請求書等が押収されてしまいました。今後の会計記帳はどうなりますでしょうか。

A

Point

1 どんなときに会計帳簿が押収されるか…
2 どうしたら押収を止めることができるか…
3 早期に押収が完了する状況づくりを…
4 押収に抵抗すると公務執行妨害になるか…

当面の対応

1　帳簿の押収

法人が会計帳簿等を税務署に押収される原因は、その法人に脱税の疑いが濃厚な場合と考えてよいでしょう。今回のケースは過年度５年の会計帳簿ならびにそれに関係する証拠資料とのことですから、その量は、段ボール何箱分の、きわめて膨大なものになります。

2　現況調査との相違

会計帳簿等の強制的な押収と、強制的な調査である現況調査は、同じ「強制」

ですが、その質的な意味は異なります。帳簿等の押収の場合、結果的に脱税の疑いが晴れれば、押収された帳簿等が意外と早く返却されることもないわけではありません。

3　押収は止められない

法人が、顧問税理士に助けを求め、帳簿等の押収を止めようしても、税務署は押収行為を続行するでしょう。協力するならともかく、これに逆らい、手出しをしてはなりません。

4　押収を妨害

押収に対し、これを妨害するような行為に出た場合、公務執行妨害となる可能性がありますので、法人スタッフも、顧問税理士も、とくに手を出さず、事の成り行きをただ見守るほうが賢明であることは間違いありません。

5　預り証書

税務職員が押収した会計帳簿等については、一覧表に記載し、かつ預り証書を受領しておくべきでしょう。押収時のどさくさによって会計帳簿等が紛失しないよう、十分に注意しましょう。

今後の対応

1　押収の対応

税務署による会計帳簿等の押収は、毎年あるわけではありません。長い法人活動の中で、１回あるかどうかの程度です。したがって、帳簿押収にかかる対策を事前に検討するのではなく、万が一押収された場合に、あわてない心掛けをしておくべきでしょう。

2　冷静に対応

会計帳簿等の押収は、上記に記したとおり、それを止めることはできません。したがって、その場ではあくまでクールに、帳簿等が紛失しないように心を配る必要がありましょう。初めてのことであり、また突然の出来事であり、社長以下、幹部がパニックにならないように努めるべきです。

3　必要な帳簿は

現在使用中の会計帳簿を押収された場合、たとえば現金預金出納長、得意・仕入先元帳、受取・支払手形記入帳、諸請求書・契約書等であれば、税務署等に事前に連絡したうえで出向けば、閲覧ないしコピーが可能となりますので、この点に関する不都合はとくに生じません。

Q85 個人メモの調査

▶現場担当者の私的なメモ等により実態が

今回の税務調査は、本社管理部の調査は最終日のみにとどまり、大部分の日数を、営業部門、製造部門、在庫部門にかけました。その結果、営業部門が本社管理部に報告しなかったことが明らかになりました。どうなりますか。

A

Point

1 業務の実態がわかる個人メモ等が証拠に…
2 税務調査によりその実態が判明してしまう…
3 各部門が「へそくり」をもちたがる理由…
4 隠し財源ゼロ体制を確立すべき…

当面の対応

1　現場で調整

本来、会計帳簿には現場に生じた取引をそのまま反映すべきですが、当法人では、取引数が多く、また特殊な条件の取引も含まれているため、現場で調整したのち、資料を本社に送っています。

2　粉飾の傾向

現場資料の本社への送付は、当初の「調整」という目的から変化して、最近は、都合の悪い点をカバーする粉飾や逆粉飾の傾向があり、現場の実態からかなりかけ離れてしまっています。このように、実態を反映していない帳簿記録は、長期間にはかなり大きな差額となってしまうでしょう。

3　個人メモの閲覧

このような状態では、税務調査を行っても、本店管理部の帳簿からは何も把握できないことになりますが、現場担当者が個人的に所有しているノート、メモ等を閲覧することにより、帳簿に反映されていない取引や事実等を知ることができるのです。したがって、調査官は、これらにより、修正申告を行うべき事項を取り上げることになります。

4　具体的事例

以下に、個人メモの具体的な事例を示してみましょう。

【営業所】

日　付	製　品　等	事　由	解　決	
			日　付	結　果
3.30	製品Ａ　1,000×１＝1,000	単価未定 未売上げ	4.5	当法人どおり

- ３月30日
  とにかく製品は出荷したものの、得意先より値引要求が強かった。しかし、製品Ａは前年度の○年３月30日にすでに出荷済み、先方の値引要求が強く、未売上げ。
- ４月５日
  製品Ａは新製品であることにより値引なしの説得を行い、当法人どおりの価額。

5　修正申告を

上記の現場担当者の個人メモから、単価未定のものについては、法人が売上会計基準として出荷基準を採る限り、その製品はすでに出荷済みとなることが判明するので、少なくとも見積売価、厳密には粗利益相当額の所得増加による修正申告を行うことになります。

今後の対応

1 「へそくり」でカバー

法人の規模が大きくなると、各業務を部門化し、法人全体というよりむしろ各部門長の責任が大きくなります。したがって、各部門長は、多額の赤字が発生したときは「へそくり」でこれを社内的にもカバーし、大企業病ともいうべき、ロス計上を隠すアクションを示す傾向がありますが、これは望ましくありません。

2 業務不正の可能性

上記は経営上、業務不正の可能性があるのみならず、税務調査においても税務否認となり、また、それが計画的であると認定された場合は、重加算税の課税処分が行われることがあります。

3 管理責任を追及

法人としては、ミスを闇から闇へ葬ってしまうような行為はいっさい認めず、万が一、税務調査によってこの種の否認が生じた場合には、各部門長の管理責任をきびしく追及することが必要でしょう。

Q86 反面調査の方法

▶反面調査で数字の不突合が見つかった

先日の税務調査では、法人内部の処理についてはあまり触れず、主として得意先Ａ法人との取引、および屑売却を行うＢ法人との取引のチェックが行われ、調査官より金額の不突合を指摘されました。Ａ、Ｂ両法人ともに長い付合いであり、不突合があったことが意外です。なぜこのようなことになったのでしょうか。

A

Point

1 他法人の資料と突合して適否を確認する「反面調査」…
2 不突合の原因が自社にあればすぐに修正申告を…
3 長年取引している得意先の勘定残高を見直す…
4 反面元法人の勘定処理にミスはないか再検を…

当面の対応

１　売上未済が原因

Ａ法人との取引はきわめて長く、不完全の額はないと考えていましたが、当法人の売掛金残高がＡ法人の買掛金残高に比して少ない事実が反面調査により指摘されました。

調査した結果、その差額は当法人の売上未済であることが判明しました。したがって、この粗利益相当額については、やむを得ず即修正申告を行う予定です。

2　屑売却代の計上漏れ

第二の指摘は屑売却代です。すなわち、当法人の屑売却代が屑買取業者の仕入高に比較して少ないこと――屑売却代のうち当法人の屑処分代金の一部が計上されていないこと――が反面調査により明らかにされたのです。この不突合の原因は、現場で屑発生高の一部を当法人の益金に計上せず、私消していたことによるものです。

したがって、益金計上の修正申告をすると同時に、使込みをしていたメンバーに対して代金を請求することにしました。

3　証拠資料で立証

反面調査によって当方と先方の勘定にアンマッチが判明し、それが先方のミス、あるいは仮装経理によるものと思われる場合には、当法人は自社の処理が正しいことを証拠資料によって立証する必要がありますが、これは容易なことでありません。以下に、その事例を示しておきましょう。

今後の対応

1　アンマッチの事例

当法人が下請形式により得意先法人の部品を製作中に、両法人に３月の決算期が到来し、得意先は当法人が部品製作中にもかかわらず、不当な売上処理を行い、当法人に対する買掛金が発生しましたが、当法人は製作中であるため売上処理は未済のような場合、得意先の不当処理による売掛金と買掛金のアンマッチが生じます。

当法人が商品の掛売上を行った以後、代金の請求に際して、「前月残高＋当月売上＝当月請求額」等と請求書に売掛金繰越残高を記載して送付すれば、得意先はその請求書を見て、自社の買掛金残高と突合し、アンマッチがあればその時点において支払いを中止して、処理の適正性を確認します。

2　連結決算の場合

法人が親子会社の連結決算を行う場合には、連結の際にトラブルが生じないよう月次レベルでも相互の不一致に注意していますので、仮に決算時にアンマッチが生じても、その原因は容易に発見できるでしょう。

なお、これは連結決算でなく、親子会社でもなく、社内の会計単位ごとに独立会計を採っている場合や、社内計算資料の併合を行う場合でも、連結決算の場合と同様です。

3　不当課税を排す

税務当局が使用した、反面チェック資料にミスがあった場合には、法人は不本意に高額な税負担を強いられてしまう場合が生じます。仮に法人にこのような事態が生じた場合には、あくまで声を大にし、法人の正当な事実を強く主張して、不当な課税を排すべきです。

Q87 口頭説明で否認

▶口頭だけでなく証拠資料を提示する

友人が経営する法人が税務調査を受けました。友人は、調査の期間中、支出した修繕費はすべて現状維持の費用であり、また貸倒償却した売掛金はすべて回収不能である旨を口頭で熱心に説明したのですが、税務上は否認されました。なぜでしょうか。

A

Point

1 調査官にどれだけ言っても理解しない…
2 結局、修繕費と貸倒償却は税務否認か…
3 外部証拠資料をベースにした回答を…
4 資料を提示して説明すればすぐに了解…

当面の対応

1 修繕費

① 判別困難

機械設備に支出した修繕費は、税務上それが機械設備等の価値を増加または耐用年数を延長させる費用か、それとも現状回復のための損金かを判別することは、きわめて難しく、税務調査の際に多くのトラブルが発生しています。

② 形式基準

したがって、この種のトラブルを避けるために、たとえば以下のようなものは形式基準により所定の割合だけを損金に算入することを認めています。

- 区分不明の費用は30％損金
- ３年以内の周期の費用は損金
- １件当たり20万円未満の少額の費用は損金
- １件当たり60万円未満で区分不明確費は損金
- 上記未取得価額の約10％以下の費用は損金等

③　証拠資料

したがって、上記以外の設備修繕費を損金に算入するためには、いくら熱心に口頭で主張してもだめであり、あくまでその根拠を示す証拠資料を調査官に提出する必要があります。

2　貸倒償却

①　実質基準

貸倒償却の場合、税務調査においてその損金性をめぐるトラブルが多いのですが、法をベースとした形式基準による場合には問題は生じないものの、現実だけをベースとした実質基準の場合には、税務調査においてシビアに要求されるのです。

②　証拠資料

実質基準における証拠資料とは、その得意先の損金予想・資金繰り計画、オーナーの個人財産、担保の状況等のデータですが、この予想がきわめてきびしければ、その実質基準による貸倒償却の損金処理が認められます。

今後の対応

1　証拠資料の区分

ひと口に「証拠資料」といってもいろいろあります。区分すれば以下のとおりです。

① 内部資料

内部資料とは、法人内部で作成された証拠資料をいい、具体的には法人が作成した諸帳簿、試算表、伝票、諸勘定内訳表等であり、証拠力としては低い部類に属します。

② 外部資料

一方、外部資料とは、法人外部の者が作成した証拠資料であり、具体的には契約書、請求書、領収証、残高確認書、残高証明書等がこれにあたります。この種は証拠資料のうちでも強力なものとされています。

2 証拠力の高低

上記のとおり、外部資料は内部資料に比較して証拠力が高いのですが、外部資料であっても、以下のように証拠力が大きく相違しますので、法人は税務調査に際しては、より上位の証拠資料をそろえておくべきでしょう。

証拠力の高いもの順に記載してみます。

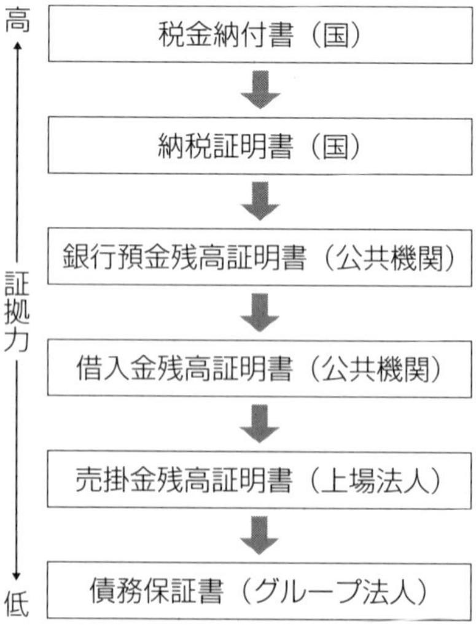

Q88 同一ミスで否認

▶前回と同じミスで否認されてしまった

税務調査のときに、建物の償却方法を定額法としなかったミスを再び繰り返してしまいました。この結果、減価償却超過額に前回の分が加えられ、過去５年分遡及され、償却超過額の累計額が増えたため、決算上の利益のほかに配当もなくなり、株主からも怒られてしまいました。どうすべきでしょうか。

A

Point

1. 前回指摘されたミスを繰り返して否認…
2. 素早い対応で生き残っていく…
3. 喉元すぎればすっかり忘れてしまう…
4. 今回の指摘は次回は意外と省略される…

当面の対応

１　素早い対応

神社の儀式などは、その進行順序が決まっていますが、法人の事業は、突発的に不都合が生じれば、それを積極的に適正なものに切り替えていくものです。この対応を早急かつ適切に行わないと、法人は生き残っていけません。

２　適切な処理

したがって、業務上ミスが発生すれば、それをただちに適切な処理に切り換え、以後はその方法を継続して適用していくことになります。

3　ミスを忘却

法人は、おそれていた税務調査が終了すれば、いっさいを忘れて、調査前の状況を放置してしまう場合が多いようです。当法人の場合、前回の調査で調査官から新築建物は定額法で償却すべきと指摘されていたにもかかわらず、そのことをすっかり忘れてしまい、今回の事態を招いたのです。

4　事業継続が前提

学校であれば、極端にいえば卒業してしまえばすべてご破算となってしまうのかもしれませんが､法人の場合は事業継続が前提であり､継続することによって法人の価値が向上し、そこに一種の「のれん」が発生すべきなのです。

5　否認と認容

もっとも、今回のように減価償却超過額が否認され、過去５年分遡及された場合には、自動的に翌年度は認容されるので、その認容額を年度ごとに控除して、修正申告を行うべき減価償却超過額を計算しなければなりません。なお、このことは、５年間に廃・売却された建物の、減価償却超過額の認容に伴う損金算入についても同様です。

今後の対応

前回の税務調査では固定資産がきびしくチェックされ、多額の税務否認が行われましたが、次回の税務調査が同様の経済状態下にあり、かつ法人の収益力もほぼ同様と仮定した場合には、意外にも、今回の調査項目は省略されてしまうことが多いのです。以下に、この種の事例を示してみます。

①　前回否認された減価償却超過額

減価償却方法等の適用ミスが発見され、そのミスが以前の年度から引き続き発生している場合には、その税負担は５年分だけにかなり大きくなります。しかし、仮に次年度も同じミス処理が行われたとしても、調査年度だけの否認にとどまります。以前の年度はすべて否認済みですから、再び５年分遡及して否認が行われることはありません。このような事情から、次回の税務調査では、固定資産についてのチェックはあまりされないかもしれません。

②　前回否認された貸倒損失額

法人が売掛債権の貸倒償却を行い、それが関係資料不足等の理由により否認されたとしても、法人が次の期に損金に算入した場合、その債権が１年以上未入金となっていれば、税法上の損金算入要件にマッチします。したがって、意外にも、今回の税務調査では、件のフォローが省略される傾向があります。

Q89 資料不備で否認

▶貸倒れを立証する資料が存在しないため

当法人の主力得意先であるA法人が倒産したので、その債権全額を貸倒償却しました。ところが、その貸倒れの事実を立証する証拠資料がとくに存在しなかったため、税務調査で否認されました。調査官にその現場を見せたら、認められるでしょうか。

A

Point

1 証拠資料がないと貸倒損失は否認される…
2 調査官に倒産の現場を見せたらどうか…
3 資料不備であればみずから資料をつくる…
4 当期否認でも自動的に翌期認容となるのか…

当面の対応

1　書類で判断

税務調査はあくまで書類判断で解決していくべきとされていますので、法人側の処理の適否をチェックする証拠資料がない場合は、調査官はその是否を判断できる方法がない関係上、やむを得ず、法人の損金処理をとりあえず否認せざるを得ないことになります。

2　調査官を現場に

法人側は、証拠資料がないために損金処理した貸倒損失が否認されたのであれば、調査官を実際に倒産した得意先の本社へ案内し、現場を確認して倒産の事実を理解してもらう方法を考えました。しかし、調査官はただちにそれを拒否し、税務調査はあくまで書類調査により判断するほかはないという方針を変えていません。

3　判定不可能

現場チェックといっても、単に得意先本社ビルが荒廃したまま放置されているだけであって、それだけでは、不動産等の権利関係、償却資産の所有関係、債務と担保・抵当権等、法的な重要事項はいっさい把握できません。結論的にいえば、現場を見ただけでは、何もわからないといえるでしょう。

4　資料づくり

得意先倒産にかかる証拠資料が不備と思われる場合には、法人みずから資料づくりをすべきであり、たとえば得意先に対する債権放棄通知書を内容証明便にて送達することも１つの方法です。これにより、法人は得意先債権が失われるので、税務上も、その貸倒損失は損金算入が認められるのです。

今後の対応

1　個別評価

債権が回収困難となり、そして回収不能となった段階において、これを資料不備のまま貸倒損失として損金処理すると、税務調査で否認されます。

したがって、たとえば回収が著しく遅延した場合、あるいは振出手形が不渡りになった場合は、これら債権につき個別評価の貸倒引当金を設定し、回収不能見込額、あるいはその２分の１相当額を損金に引き当てて繰り入れておくべきです。

2　宛先不明

得意先がにわかに倒産して、社長以下経営幹部が行方不明となっていて、関係資料が存在しない場合には、その債権の請求書を得意先に送付し、その郵便物が「宛先不明」となって返ってきたものを、行方不明の証拠資料として活用し、税務調査の際に提示して、社長等の行方不明の事実の立証資料とすることも１つの方法です。

3　損金認容

貸倒損失の損金処理が、証拠資料不備のために否認された場合には、法人が再度その否認債権を損金処理すれば、１年決算の法人であれば、その債権は１年間未入金の証拠となり、税務上は自動的に損金認容となります。

Q90 領収証不備で否認

▶現金払領収証が不備のときは

先日の税務調査で、現金支払経費の領収証に不備があり、かつ金額も多いので、調査官より「損金算入は認められず社長貸付金としたい」旨の意見がありました。どのように対応すべきでしょうか。

A

Point

1 現金支払手続にルーズ等の不備はないか…
2 社長扱いのものは社長貸付金と認識されて…
3 領収証不備の種類と不正使用の可能性は…
4 現金管理規程による領収証取付けの強化を…

当面の対応

1　否認の理由

税務調査において、現金支払手続に不備があったため、損金算入処理を否認されてしまいました。さらに、社長扱いのものは社長貸付金と認識されるとのことでした。

現金支払領収証は、本来、小口支払のもの、たとえば電車、バス、タクシー、その他小口雑品の購入に充当されるべきであるというのです。

2　具体的事例

以下に、支払領収証の種類と税の取扱いを示しておきます。

種　類		不正使用可能性
●日付のない領収証	→	1枚で何回も使用可能になってしまいます。
●上様領収証、宛名のない領収証	→	当法人だけでなく、たとえばグループ各法人でも重複して使用可能になってしまいます。
●受領領収証に当法人が記入を行っているもの	→	これを認めると、領収証の改ざんが可能になってしまいます。
●摘要欄がお品代のみの領収証	→	支出内容不明につき、プライベート用の物品の可能性があります。
●百貨店売場名が単に売場ナンバーだけの領収証	→	上記に同じです。
●領収証をコピーした複写領収証	→	証拠能力がなく、不正支出が濃厚です。
●交際費等の領収証で客数が1名のもの	→	自己交際費等であり、税務上は給与に認定されます。
●市販の領収証に手書き金額を記入、支出内容、住所、電話番号の記載がなく、かつ三文判が押印されているもの	→	カラ取引と認定され、税務上は給与あるいは社長貸付金に認定されます。
●外部支払領収証がないもの、またはないときは社内領収証用紙を利用して代用するもの	→	代用領収証で外部支払が確認されればよいのですが、ないものはカラ取引と認定されます。

今後の対応

1　管理規程の設定

現金管理規程を設定して、現金収入、支払手続を決め、税務調査の際に提示します。具体的には以下のとおりです。

2　具体的事例

①　支払対象

小口支払、旅費、交際費の支払いに限ります。

②　領収証

近距離電車、バス以外の現金支払については、すべて領収証を取り付けます。

③　取付け不可能

領収証が取り付けられないものは、ほかに代わるものを充当します。

④　紛失・汚染など

再発行のものを取り付けます。

⑤　要件不備

宛名、日付、領収者の住所、名称、電話番号、領収印等のないもの、不適当なもの、訂正個所のあるものは、新たに再発行されたものに差し替えます。

3　役員個人財産をチェック

税務調査は現金支出の管理状況をきびしくチェックし、不備がある場合には、役員個人財産の増加状況とも連動して調査が行われます。

Q91 修繕費用の否認

▶能力アップを伴う修繕の取扱いは

当法人の社長は、業績向上のためには工業力のレベルアップ以外はないと考え、工場を総点検し、とくに必要な機械装置については十分な修繕を行いました。税務調査では、多額の修繕費が否認されましたが、これはやむを得ないのでしょうか。

A

Point

1 修繕を行うときには、まずその目的を明確に…
2 割安なはずの修繕費が予定外に多額だった…
3 修繕費規程により税務処理に客観性を与える…
4 損金処理が行いやすい請求書のフォームを指定…

当面の対応

1　多額の修繕費

設備を強力化するためには、新規の設備を取得するよりも、現在の設備を修繕するほうが割安と考えていましたが、ここ10年間の設備の進歩はめざましいものがあり、その大部分がコンピュータ化されています。したがって、それに近いレベルの能力を有する設備にするためには、予定外に多額の修繕費を要してしまいました。

2　納税資金の借入れ

税務調査では、能力アップのための修繕費を資本的支出とする見解であり、ある程度はやむを得ないと考えていましたが、その額が大きすぎたので困っています。このため、納税資金の借入れには大変苦労しました。

3　能力アップ

今回行った大修繕は、調査官が指摘するように、その大部分が能力アップのためです。たしかに名目的には修繕ですが、実情は改造にほかならず、従来の考え方を踏襲してすべてを修繕費とした処理は誤りであり、修繕の目的をよく考えて処理すべきでした。

4　現場の声

この大修繕の現場を確認するために、調査官が現場に行き、技術者に「この修繕の効果はありましたか」と尋ねたところ、技術者は調査官を自社の幹部と勘違いしたのか、「断然能力が増加しましたよ、新品同様になったのですから」と答えてしまったので、調査官はますます全額資本的支出との認識を深めたのです。したがって、当然のことですが、現場にも、事前に税務調査実施のことを周知させておくべきです。

今後の対応

1　設備残高

この不況期に、需要見込みが十分見えないにもかかわらず、あえて多額の設備投資を行ったため、銀行ならびに株主の心配を考慮して、今後使用する見込みのない機械設備を思いきって廃・売却し、B／S設備残高を微増にとどめました。

2　修繕費規程

今後は、修繕費をそのまま損金に算入するのではなく、修繕費管理規程を設け、資本的支出とするもの、修繕費として損金に算入するもの等、性格別に区分して、これを業績の如何にかかわらず、継続的かつ客観性を高めて適用することにしたいと考えています。

3　区分の記載

修繕費の業者からの請求書は多く、一般的には材料別、労務別、外注別といった区分や、利益等ごとに記載してあるケースが多いのですが、当法人の資料では、各修繕プロジェクトごとの資本的支出と修繕費の区分の判断もできず、また損金処理の立証、根拠などもすべて不可能になってしまっています。

したがって、当法人としては、工事業者を指導し、損金処理が行いやすいような請求書のフォームを指定して、業者に交付する予定です。

Q92 使込損失の否認

▶不正行為のあとにさらに税務否認が

当法人の○○支店で支店長の常務取締役が個人の株取引の損失を埋めるため、製品を持ち出してヤミ市場で処分し、かつその代金を私消していました。この使込損失を損金としたところ、税務調査で否認されてしまいました。どうすべきでしょうか。

A

Point

1 税務調査で不正行為が発見されたがそれだけか…
2 使込損失は税法上損金算入が認められるか…
3 損金算入以前に当人からどれだけ回収が可能か…
4 管理不備、不正、粉飾、脱税の重複の有無は…

当面の対応

1　不正行為と脱税

法人の内外で、管理不備のために不正行為が行われると、脱税問題が同時に生ずるのです。たとえば、本問の事例のように、①製品管理が不十分であること、②役員である支店長が自社製品を横領したこと、③役員がヤミ市場で換金したこと、が一連の不正行為の経過です。

2　税務処理の方法

この不正行為は、以下のように処理すべきとされたのです。

① 使込みが発覚していないとき

使込額は隠ぺいされていますので、とくに会計処理はしません。この段階では含み損を有する粉飾決算となります。

② 使込額が明らかになったとき

使込額は未決算勘定である仮勘定に計上します。したがって、法人がこれにつき損金処理をすれば、その処理については損金否認が行われます。この段階では使込額がいくら回収されるか不明なので、全額損金処理するには早すぎるからです。

③ 使込品を処分したとき

これはあくまでこの役員個人の取引であり、法人には関係がないので、とくに会計処理を行う必要はありません。

④ 役員が使途金の一部を弁済したとき

この段階において、法人の損失が確定し、その未回収部分を損金に算入します。なお、税務調査においても、この段階に達したときには法人の損金算入を認めます。

今後の対応

1 内部監査

法人が不正行為を防止するためには、まず有効な内部統制制度を確立して運用する必要がありますが、今回のような経営幹部の不正については、内部組織ではガードがきかず、内部監査組織を充実させるほかはありません。

2 外部監査

しかしながら、内部監査のレベルでは、同一社内ですから限界があります。すなわち、公認会計士の監査は不正発見を第一の目的としておらず、かつ監査の実施範囲、手段が制限されていますので、不正発見については十分とはいえません。結局、今回の不正発見の決め手となったのは、税務調査であったといえましょう。

3　不正行為発覚

税務調査は、ほかの監査が有料であることに対し無料であり、かつ特定年度の課税所得の適否を調査することが目的とされています。この実施に際しての範囲、手段はかなり広くなっており、また調査権限も強力であるため、調査の過程で不正事件などが発覚するケースが多いのです。

4　悪循環の芽は摘みとる

いずれにせよ、①資産等の管理不備の場合には、②不正行為が発生し、③それが粉飾決算に発展し、かつ④税務問題に及ぶこと、すなわちここで示した①～④までの悪循環は、まずその芽を発見したときにはなるべく早く摘みとってしまう必要があります。これが進行すれば、法人として取り返しのつかない悪い結果が生ずることがあるからです。

Q93 高級車費用の否認

▶高級車購入は福利厚生かぜいたくか

当法人は寿司店ですが、寿司職人が１か月くらいで退職してしまうため、社長は高級車を購入し、職人に自由な乗車を認めたところ、ようやく定着しました。しかし税務調査では、これを「ぜいたく」として、車の関係費を否認しました。やむを得ないのでしょうか。

A

Point

1. 福利厚生費は高額でも税務調査で認められるか…
2. 必要経費か冗費かで意見が対立したときは…
3. 税務以外の出口が見えない議論に入り込んだ場合は…
4. 課税上、弊害のないバランス経営を望みたいが…

当面の対応

1　意見の対立

当法人に発生した高級車の費用につき、法人側と税務当局側とで意見が分かれ、対立の様相を呈しています。

①　法人側……「職人を定着させるために購入した車であり、職人専用車です」

②　税務当局側……「高級車ですから、その費用は冗費とみなします」

2　対立の理由

両者の意見の対立は平行線であり、議論は果てることがありません。ここで、この種の対立が長期化する理由を考えてみます。

①　法令・通達

両者の主張はともに法令・通達等に違反しておらず、したがって、この点に関しては、両者とも法的には適正であるといえます。

②　解釈

法人側はこの費用は職人定着のための福利厚生費と解し、一方、税務当局側は法人の規模、所得、申告、納税レベルから判断すると、ぜいたくであり、冗費と判断しているのです。

③　使用状況

法人の説明は、この高級車を職人専用としていますが、税務当局は、個人的な同族会社で職人をこれほど過保護する必要はなく、事実上は、社長個人がプライベートで使用しているのではないかと疑っています。

したがって、次は高級車の現実の使用状況等についての立証を行うことになりますが、人手不足の中小法人にとっては、税務調査に備えてそのような車両の管理資料を作成する余裕はありません。

④　指導事項

この種のトラブルが税務を離れてエスカレートしてしまうと、泥沼に陥ってしまうことになりますので、その場合には、課税上弊害がある等の名目により、指導事項とすることもあるでしょう。この場合、法人は反省して、別の種類の福利厚生を考えることになるでしょう。

今後の対応

1　難問

この種の問題は、きわめて難しい側面を含んでいます。すなわち、寿司店の職人が高級車に乗ってはいけないのか、といった議論になってしまうからです。

2　バランスをとる

具体的には、規模の小さい法人であれば、その利益、税負担、内部留保、役員給与等と、損金に算入される福利厚生費等が、バランスがとれているものであれば、税務調査の立場として納得できると考えられます。

3　リスクを覚悟

しかしながら、現代のようなきびしい経済状況下では、法人が常にバランスをとった経営を行っていたのでは、生き残れない結果となりますので、大きなリスクを覚悟しつつ行動する必要が生じます。しかしそれも、いつまでもアンバランスなままではなく、時機をみて元のバランスに戻す必要が生じるでしょう。いずれにせよ、経営問題ですから、経営者に慎重な計画と思い切った決断・実行が求められることになります。

4　最終結論

このような難しい非税務的な問題は、筆者では容易に結論が出ませんので、今後に繰り延べることにします。

Q94 子会社取引の否認

▶グループ法人税制による設備の譲渡

当法人は、体質改善のために、従来の本社ビルを100%A販売子会社に譲渡して、譲渡損が発生しました。また、60%B製造子会社に工場および機械設備のいっさいを譲渡したところ、A子会社の分が否認されました。なぜ否認されたのでしょうか。

A

Point

1 同じ子会社でも100%とそれ以外ではどう違う…
2 譲渡損益を繰り延べるとはどういうことか…
3 繰り延べられたものは永久に取り戻せない…
4 譲受法人からの通知により処理すべき事項…

当面の対応

1　新設備を導入

現代のようにきびしい社会においては、法人は変化する経済環境についていくために、新製品等の生産、販売が必要であり、このためには老朽設備を除却し、新しい設備を積極的に導入する必要があります。

2　旧設備を子会社へ

しかしながら、老朽設備とはいえ、現実にはまだ十分に使用可能な設備ですから、とりあえず子会社に移して利用することを考え、併せてこれら設備の含み損益、とくにロス部分を吐き出して体質をタイトにするほか、譲渡損計上による節税も併せて考えたのです。

3　損益繰延

調査官は、譲渡価額は銀行の鑑定書に従って決められているため、譲渡取引価額については適正と認定したものの、A社に譲渡した本社ビルの譲渡損は、A社が当法人の100%子会社である関係上、損金にならず繰り延べられ、税務否認される結果となってしまいました。

4　繰延処理

すなわち、法人が計上した損失繰延額は、子会社であるA社がその建物をグループ外に譲渡した場合に初めて損金に算入されるのです。このグループ法人課税の新たな税制は、平成22年10月1日より施行されていますので注意が必要です。

5　譲渡損

法人が製造子会社であるB社へ工場等を譲渡した際に発生した、工場および機械設備の譲渡損は、B社のシェアが100%でなく60%であるため、そのまま損金算入が認められました。すなわち、この資産の売買取引は通常の売買と同様であり、その譲渡価額も第三者である銀行が鑑定したフェアなものだからです。

今後の対応

1　譲渡損はそのまま

法人がA社に譲渡した本社ビルは、販売子会社であるA社において、今後これから当分使用するつもりの物件なのですから、グループ外にこれを譲渡することは当分考えられず、税務上はその譲渡損は当法人である譲渡側において繰り延べられたままとなります。

2　半永久的に棚上げ

したがって、譲渡法人が建物のような譲渡損益調整資産を譲渡したことが税務調査で発見された場合には、その譲渡損益は半永久的に棚上げされ、会計上は損益を吐き出し済みなのですが、税務上は含み損益として依然として譲渡法人に長期間貼りつけられたままとなるのです。

3　通知の義務

当法人が譲渡損益調整資産を子会社に譲渡したのち、それが減価償却資産であり、子会社が譲渡法人からの取得資産につき減価償却、廃・売却を行った場合には、譲受法人である子会社は、その償却等の事実を決算期ごとに譲渡法人に通知し、繰延損益を実現する必要があり、したがって、グループ法人税制による場合には、譲渡法人である子会社の所有資産の状況を十分チェックしなければ、譲受法人の税務調査が終了したとはいえないのです。

Q95 交際費等の認定

▶販促費用が交際費等と認定された

当法人は、医院向けの薬を生産しており、それを売り込むためには多額の交際費等を要しています。このたびの税務調査において交際費等が点検されたのですが、販促費のかなりの額が交際費等と認定されました。これはやむを得ないのでしょうか。

A

Point

1 交際費等と類似経費を分けるルールとは…

2 交際費等の範囲にはグレーな面がある…

3 中小法人の特例とはどのようなものか…

4 子会社等の特例とはどのようなものか…

当面の対応

1 区分基準

税務調査においてチェックされる交際費等と類似経費を区分する基準ルールを、以下に示してみましょう。

① 取引先業者を対象とすること

交際費等とは、ともに飲食等を行う経費であり、1人1回5,000円超のものは交際費等と認定されやすくなります。

② 1人当たり支出額が多く、冗費と認定されること

法人の内外を問わず、一緒に飲食した経費が多額であれば、冗費と認め

られやすくなります。

③　強制参加を命じられたときの発生経費であること

ホテルでの食事会等、各役員にかかる強制参加経費は、給与ではなく交際費等に認定されます。

④　請求書、領収証が存在する飲食費等であること

請求書等がない支出金は、税務上、使途不明・秘匿金となり、税法の定める交際費等からは除外されます。これらは税務調査上、交際費等よりきびしい取扱いを受けることになります。

2　交際費等の決定

交際費等を判別する税法の要点は上記のとおりであり、調査官は販売費等の勘定分析を行い、法人の処理とは関係なく、以下のとおり、交際費等の数値を加減して決定します。

税法上の交際費等

●交際費より	●給与、福利費へ
●その他経費より	●売上割戻(注2)へ
●非営、営業外費用より	●販売奨励金(注2)、広告費(注2)へ
●資産原価より(注1)	●差引交際費等
(計)	(計)

（注１）　資産原価に算入した交際費等です。

（注２）　交際費等に使途不明の秘匿金が混入していれば、これは税務調査において交際費等より多い税負担を受けることになるので除外します。

3　別表十五に記載

上記に示した交際費等は、法人税申告書に添付する明細書別表十五に記載され、この額が当初の申告額より増えれば修正申告を行います。しかしながら、

税法の交際費等の範囲に関する規定はグレーな面があり、したがって現代のようなきびしい時代には、税務調査の見識に対して反論もあるでしょう。もしあれば、率直に法人の考えを述べるべきです。

今後の対応

1　中小法人の特例

税法は中小法人について特例を設けており、資本金１億円以下の法人については交際費年間600万円につき10％の定率減税を行うことにとどめる取扱いが設けられています。したがって、資本金が１億円超で、交際費等の支出が多い法人は、たとえば減資を行い、資本金を１億円以下とすることも１つの方法でしょう。

2　子会社等の特例

資本金５億円未満の法人であれば、現在の支店、営業所等を100％グループ内子会社とし、その資本金を１億円以下とすれば、経営実態が同一でありながら、各子会社の年間600万円までの交際費等に10％の軽減税率を適用することができます。ただし、親会社の資本金が５億円以上であれば、この特例は適用されないので注意を要します。

Q96 会員権等の否認

▶ゴルフ会員権評価損を計上したら

先代の社長はゴルフが好きで、ゴルフを通じて多くの顧客を獲得したのですが、バブル崩壊以後は、ゴルフも下火になり、法人が取得した会員権も現在は買値の半額以下となったので、評価損を計上したところ、税務調査で否認されました。なぜでしょうか。

A

Point

1 ゴルフ会員権の含みロスをどう除外する…
2 ゴルフ会員権の評価損はなぜ否認されるか…
3 預託金を個別評価貸倒引当金の対象とすると…
4 脱退しなければ預託金の損金化はできない…

当面の対応

1　会社法では

会社法では、資産の時価がその取得価額に比して２分の１以下になった場合には、時価まで帳簿価額を引き下げるべき、すなわち強制評価減を行うべきとされていますので、法人はそれに従い、ゴルフ会員権につき時価までの評価損を計上したのです。

2　税法では

しかしながら、調査官は「税法では評価損を計上できる資産は次のものに限定されており、それ以外の資産について評価損を計上することは認められません」という答えでした。

① 棚卸資産

② 有価証券

③ 固定資産

④ 繰延資産

さらに、「ゴルフ会員権は、上記①～④までの資産のいずれにも該当しないので、税務上評価損を計上することはできない」とも言われました。

3　最終結論

現実的に、この評価損は税務上損金算入が認められないので、調査年度は評価損を修正申告の対象とせざるを得ない結果となりました。

4　貸倒引当

ゴルフ会員の資格を示す預託金が、そのゴルフ場経営の破綻により回収不能が予測される場合には、その回収困難な預託金につき、個別評価の貸倒引当金を設定できるか否かを調査官に確認したところ、その答えは「ノー」でした。

5　翌期以後に

調査官は「そのゴルフ場は経営的に完全に機能が停止しており、現場は留守番だけがいること、しかしプレーができないわけではないので、法人がそのゴルフ場の会員を脱退した時期でないと、預託金の損金処理はムリ」とのことでした。

当法人としては、この種のゴルフ場の預託金を、決算時に貸倒引当または直接損金処理する予定でしたが、ゴルフ会員権の評価損を多額に計上したため、預託金償却等は翌期以後とすることにしました。

今後の対応

1　会社法と税法

法人が決算を行う場合には、会社法と税法のアンマッチをどのように調整すべきでしょうか。その答えは簡単であり、ゴルフ会員権評価損を時価まで有税により損金処理をするほかはないのです。

2　有税処理

有税処理は、利益の多い年度はとくに問題はないのですが、少ないときまたは欠損のときは、P／L計上法人税、住民税および事業税の額の割合が著しく多くなり、その結果、当期純利益が著しく少額、あるいはマイナスとなって、最終損益は当期純損失になってしまうことがあります。

3　税効果会計

この不備を是正する方法はあるのでしょうか。決算はやはり利益が多くないとだめなのです。しかしながら、この不合理は税効果会計を採り、繰延税金資産を利益に加えることにより、自動的に適正化されます。

ただし、平成23年度税制改正案が施行されると、法人税率引下げに伴い、繰延税金資産の取崩しが発生するので注意を要します。

第6章

税務調査はどう変わる？

Q97 事前通知の有無

▶事前通知なしの調査はなくなるのか

平成23年度税制改正案が公表され、税務調査は事前通知を行うことになると聞きました。もし法案が可決されれば、今後は、抜き打ちのような事前通知なしの税務調査は行われなくなると考えてよいのでしょうか。

A

Point

1 税務調査の事前通知は必ずされるのか…
2 事前通知がある法人とない法人の区別は…
3 事前通知がない法人にならないためには…
4 公の場での税務に関する発言はつつしむ…

当面の対応

1　税制改正案の内容

今回公表されました、平成23年度税制改正案の事前通知に関する内容を要約すると、以下のとおりとなります（法案が可決されれば、平成24年１月１日以後に開始する税務調査について適用されることになります）。

①　事前通知の原則

税務調査を行う場合、税務当局は、原則として法人等にあらかじめ事前通知を行うことになります。通知の方法は、原則、文書で行われることになります。ただし、次に掲げるおそれがあると認める場合には、事前通知を行わないことになっています。

- 正確な事実の把握を困難にするおそれがあるとき
- 違法、不当な行為を容易にし、またはその発見を困難とするおそれがあるとき
- その他国税に関する調査の適正な遂行に支障を及ぼすおそれがあるとき

②　通知の対象者

事前通知の対象者は、納税者本人、調書提出者、その代理人(税理士等)、反面先となります。

③　通知の内容

通知の内容は、以下のとおりです。

- 調査の開始日時および場所
- 調査の目的
- 調査対象の税目、課税期間
- 調査の対象となる帳簿書類その他物件
- その他必要事項

2　安心できない

上記のとおり、事前通知は原則として行うこととされ、通知をすると証拠資料等を隠ぺいするなど調査の妨害となることの発生が予想される場合等に限り、事前通知は行われないと考えるべきでしょう。

しかしながら、税務署の判断は、同業者等からの通報や投書等による場合もあり、法人はこれに巻き込まれないように自衛する必要があります。

今後の対応

1　いわれのない中傷

現在のように激しい競争下においては、いわれのない中傷により、「あの法人は脱税をしている」などと告げ口をされることを想定しておかなければいけ

ません。風評等により、間違って、事前通知のない税務調査が入ることがないようにしたいものです。

2　税務の話題はしない

1つの方法としては､公の場で税務関係の話題はしないことが挙げられます。そこまでする必要があるのかと思われるかもしれませんが、どこに敵が潜んでいるかわからない以上、慎重になりすぎるということはないのです。

Q98 調査結果の通知

▶税務調査の結果が通知される

平成23年度税制改正案によれば、税務調査の結果が通知されることになるそうですが、これについてご説明いただけますでしょうか。

A

Point

1 税務調査の結果が通知される…
2 この通知は実地調査に限られる…
3 通知以前に税務当局と十分な討議を…
4 税務署の人件費等が増えそう…

当面の対応

1　気になる調査結果

税務調査を受けることになり、その結果がとても気になります。当法人の社長は、営業力はすばらしいのですが、税務関係のことは苦手であり、税務署からの指摘に対し、すべて「はいはい」と承諾してしまいそうです。その結果、予想外の多額な税金を払うことになるのではと心配しています。

2　改正事項

上記の点につきましては、平成23年度税制改正案においては、税務調査の手続きを以下のように改めることになっています。

① 調査対象

今回の改正案の対象となる調査は、「実地調査」に限定されます。実地調査とは、別名「臨場調査」ともいわれ、法人の事業所、事務所等において行われる調査のことです。

② 調査結果の説明

実地調査を行うことにより、更正・決定等をすべきと認められる場合には、調査官は以下のことを法人に説明します。

- 調査結果（非違の内容、金額、その理由）
- 修正申告、期限後申告を行った場合はその部分について不服申立てができないこと

③ 調査結果の通知

また、税務当局は法人に対し、上記２点を簡潔に記した文書を交付します。さらにその際、当局は法人に対し、修正申告または期限後申告の勧奨を行うことができることになります。

④ その他

上記のことは、法人が同意した場合は、代理人（税理士等）に対し行ってもよいことになっています。なお、実地調査以外の調査の場合でも、上記の通知書は、法人の求めに応じて交付することができます。

今後の対応

1　調査結果が明確に

改正案が可決されれば、以上のように、実地調査があった場合には、税務調査の結果が通知されることになります。上記の通知は、税務署長名で法人に対して交付される正式なものとなっており、交付後に異議をとなえても手遅れの場合がありますので、法人は、それ以前の段階で税務当局と十分に討議しておく必要があるでしょう。

2　新たな人件費

　このような文書が交付されることになれば、法人にとっては喜ばしいことですが、一方、税務当局にとっては、これらの事務手続によって新たな人件費等が発生することになり、新しい悩みの種となるかもしれません。

Q99 調査終了の通知

▶税務調査の終了が明確になる

平成23年度税制改正案によれば、税務調査の終了が明確になったそうですが、これについてご説明いただけますでしょうか。

A

Point

1 税務調査期間が長く、終了時が不明…
2 調査終了の通知が交付されるように…
3 この通知は実地調査に限られてはいるが…
4 法人の立場を保護する改正案であること…

当面の対応

1　調査終了

現在、当法人では税務調査が行われているのですが、調査官がとても多忙の様子で、連続して行われず、今月は３日、来月は２日等と分断されており、かつ休日が多いため、調査未決のまま年を越えてしまいそうです。いつ終わるのかがわからず、安心して新年を迎えられそうもなく、困っています。

2　改正事項

上記の点につきましては、平成23年度税制改正案においては、税務調査の手続きを以下のように改めることになっています。

①　調査対象

今回の改正案の対象となる調査は、「実地調査」に限定されます。実地調査とは、別名「臨場調査」ともいわれ、法人の事業所、事務所等において行われる調査のことです。

②　調査終了の通知（その１）

法人が修正申告書、期限後申告書を提出した場合、税務当局は今回の税務調査が終了した旨の通知書を交付します。また、税務当局が更正・決定等をするときも、調査が終了した旨の通知書を法人に交付することになります。

上記のことは、法人が同意した場合は、代理人（税理士等）に対し行ってもよいことになっています。なお、実地調査以外の調査の場合でも、上記の通知書は、法人の求めに応じて交付することができます。

③　調査終了の通知（その２）

実地調査を行うことにより、更正・決定等をすべきと認められない場合には、税務当局は法人に対し、「その時点で更正・決定等すべきと認められない」旨を記載した調査終了の通知書を交付することになります。

なお、税務当局は、終了通知書を交付したあとでも、必要があるときは、再調査ができることになります。

今後の対応

1　終了時点が明確に

以上のように、実地調査があった場合には、税務調査が終了した旨の通知が交付されることになり、「これで終わり」の時点が明確になることになります。もしその通知が年末までに届けば、枕を高くして新年を迎えることができます。

2　納税者の立場を保護

今回の改正案においては、法人（納税者）の立場を保護し、税務調査を力づくで行うことを排する内容となっています。その反面、悪質な法人に対してはきびしい調査が行われ、税の公平性がより実現することになるものと期待できます。

最後に、今回の改正案の内容を図表にまとめてみました。

税務調査	税務当局	法人
①修正事項なし ↓	●税務調査終了通知を交付 ↓	
②修正事項の決定 ↓	●法人と税務当局の討議 ↓	
③税務調査結果通知交付（修正申告・期限後申告についての説明と勧奨） ↓	●税務調査結果通知を交付 →	●税務調査結果通知の受領 ↓
④税務調査終了通知交付（税務調査終了）	●税務調査終了通知を交付 ←	●修正申告書・期限後申告書の提出 ●不提出 ↓
	●法人と税務当局の討議 ←	●異議申立書または審査請求書の提出 ●税務訴訟

Q100 税務調査こぼれ話(2)
▶ディナータイム

これにてすべて終了です。長い時間、お疲れさまでした。夕食までのひと時、食前酒のグラスを傾けながら、個人の税務調査、とくに相続税について、興味あるお話をお聞かせいただけますでしょうか。

A

Point

1 金の位牌は課税財産とされるのか…
2 贈与の時効か名義株のどちらか…

1　金の位牌は課税財産とされるのか

顧問税理士　先日、とある勉強会で耳にしたのですが、最近は金の価格が著しく高くなり、金で位牌をつくる人が増えているとのことです。その理由としては、先祖を敬う信仰心が篤い人が増えたからなのか、それとも、位牌は相続税の非課税財産であるほか、値上りの激しい投資物件として人気が出ているからなのか、意見が分かれるところではないでしょうか。

社長　なかなか興味深いお話ですね。相続のときは、それが位牌である限り、無条件で相続税の課税外におかれるのでしょうか。「信仰」と「投資」を区分する基準は、どこにあるのでしょうね。

顧問税理士　以前、金の延べ棒が代議士の事務所から多数発見されたことがありましたが、この場合は、金は延べ棒の形をしているので、投資物件であることが明らかであり、その入手手段、入手方法等に応じた課税が行われたかと思います。

社長　位牌の場合、これを信仰のための支出金とみるか、または信仰を隠れ蓑とした相続税のがれの投資財産とみるかの区別は難しいのでしょうね。

顧問税理士　この場合は、相続財産の価額、相続税額、信仰関係費の支出額等を総合的に判断して、課税上弊害のない範囲でその判断が行われるでしょう。

2　贈与の時効か名義株のどちらか

社長　われわれの世代は、一生懸命働いて「子孫に美田を残す」という命題がありましたが、現在のように、贈与税をきちんと払おうにも税率が高いので容易ではなく、また値段の高い株を贈与して贈与税を支払ったあとで法人が赤字となり株価が暴落するような時代では、子孫に何を残せるのか、見当もつきません。ところで私の持株のうち、少量ですが長男の名義に変えたものがあります。まだ贈与税の申告をしていないのですが、やっぱり申告は必要ですね。

顧問税理士　名義を変えた場合、それが贈与であれば、当然贈与税の申告・納税が必要になります。ただし、税務署がかならず贈与と解するかといえば、そうでもなく、名義分散とみる場合もあります。

社長　名義分散ですと、とくに所有関係は変化していないというわけでしょうか。

顧問税理士　そうです。株主名簿の株のうち、社長さんの株数を減らしてご子息の株数に加えただけですから、この結果に法律的、経済的効果はないのです。

社長　でも、贈与をしているのですから、時効により、息子の名義になるのではありませんか。

顧問税理士　先ほども申し上げましたとおり、税務署が贈与ではなく、名義分散をしたと解しているのであれば、贈与税の申告・納税は不要であり、したがって贈与の時効は関係ありません。社長さんの相続のときは、名義を移転した株式数はご子息の持株にはならずに、社長さんの持ち株に戻して、相続税の課税財産に含めて課税対象となるでしょう。

■著者紹介

山本 清次（やまもと・せいじ）

一橋大学商学部卒業。日本公認会計士協会常務理事（税制担当）、税制委員会委員長、新日本有限責任監査法人代表社員などを歴任、現在、公認会計士・税理士として山本経営会計事務所を主宰。武田研究室主任研究員。

【主要著書】『税務計算マニュアル（平成22年度版）』（編集、新日本法規、2010年9月）、『有利選択の税務マニュアル（平成22年度版）』（編著、新日本法規、2010年7月）、『最新版　税理士関与先決算指導マニュアル』（共著、ぎょうせい、2010年2月）、『うっかりしやすい会社業務の税実務Q&A100』（清文社、2010年1月）、『法人税基本通達の疑問点』（編集代表、ぎょうせい、2009年3月）、『無形固定資産・繰延資産　税務処理・申告・調査対策（法人税実務問題シリーズ）』（中央経済社、2008年8月）、『独立起業完全サポートブック』（監修、新星出版社、2006年6月）、『経営改善に役立つ会社の税務相談Q&A100』（中央経済社、2005年5月）、『税理士関与先決算指導マニュアル』（共著、ぎょうせい、2004年3月）ほか多数

身近(みぢか)な事例(じれい)とポイントで理解(りかい)する

Q＆A税務調査(ぜいむちょうさ)の心得(こころえ)100

2011年3月25日　発行

著　者　山本(やまもと) 清次(せいじ) ©

発行者　小泉 定裕

発行所　株式会社 清文社

東京都千代田区内神田1－6－6（MIFビル）
〒101-0047　電話03(6273)7946　FAX03(3518)0299
大阪市北区天神橋2丁目北2－6（大和南森町ビル）
〒530-0041　電話06(6135)4050　FAX06(6135)4059
URL http://www.skattsei.co.jp/

印刷：亜細亜印刷㈱

■本書の内容に関するお問い合わせは編集部までFAX（03-3518-8864）でお願いします。

ISBN978-4-433-53710-4